心理学と産業社会とのかかわり

井上 枝一郎 編著

菅沼 崇

伊藤 典幸

讃井 純一郎

細田 聡

福井 城次

八千代出版

著者紹介 （執筆順）

井上枝一郎	関東学院大学人間環境学部教授 (財)労働科学研究所　研究主幹	基礎編1章、事例編1
菅沼　崇	相模女子大学人間社会学部教授 (財)労働科学研究所　特別研究員	基礎編2章、事例編2
伊藤　典幸	関東学院大学人間環境学部准教授 (財)労働科学研究所　協力研究員	基礎編3章、事例編3
讃井純一郎	関東学院大学人間環境学部教授 (財)労働科学研究所　協力研究員	基礎編4章、事例編4
細田　聡	関東学院大学文学部教授 (財)労働科学研究所　主任研究員	基礎編5章、事例編5
福井　城次	富士通川崎病院メンタルヘルス サービス部部長（臨床心理士）	基礎編6章、事例編6

はじめに

　一言で言えば、本書は「産業心理学」という心理学の領域について述べたものである。では、産業心理学とはどんな内容なのか、という疑問が次に湧いてくる。中には、産業界で使う特別な心理学の分野が存在すると思っている人もいるかもしれない。しかし、そのような特別な心理学の分野は存在しないとまずはじめに断っておくことにする。

　ところで一方、「応用心理学」という言葉も存在する。これは、心理学全般にわたっての知識や方法を、実社会の問題に応用して使う、という意味だとすぐに理解されることと思う。

　実は、産業心理学はこの応用心理学の1分野なのである。つまり、先ほど述べた実社会の問題という中の、特に産業活動にかかわる問題を扱うというのが産業心理学である。したがって、応用心理学と同様に、産業心理学もまた、あらゆる分野の心理学を扱うということになる。もちろん、心理学なので、その扱うテーマが産業社会の中で働いている人間の問題に焦点を当てていることは言うまでもない。つまり、産業界のあらゆる人間活動に伴って発生する問題に対して、心理学全般の知識と方法とを応用してその解決を目指すというのが産業心理学である。多分、本書の目次を見ればこのことはすぐに理解されると思う。実に多様な問題にわたって心理学は応用されているのである。

　さて、本書は、大学の教養レベルの心理学（例えば「一般心理学」や「心理学入門」など）で教えるような心理学の基礎的な知識を一応理解している人たちに向けて書かれたものである。したがって、もし心理学の基礎知識がまだ十分でないという場合には、ぜひそのような心理学の入門書を1度読んでから本書を読まれることを勧める。なぜなら、本書では、記述の中で使っている心理学の言葉や知識を、その都度必ずしも丁寧には解説していないからである。

　心理学で使う用語の中には、日常生活の中でごく当たり前に頻繁に使っ

ている言葉が沢山ある（例えば、条件反射、外向的性格など）。しかし実は、これらの言葉の用法は学問としての心理学で使う場合とはその背景概念が異なっている。したがって、この用法の違いを理解していないと、とんでもない間違った解釈をしてしまうことになる。これも、実社会に心理学を応用するという問題の難しさの1つを示す例だが、その意味もあって、本書を読む前にまずは心理学の基礎を一応学んでおくことが必要だと述べたわけである。

　ところで先に、産業心理学についてのイメージについて述べたが、すでに心理学をそれなりに理解している人でも、産業心理学と聞くと、職場の人間関係や職場不適応などの問題を扱うのがメインテーマであると思うのが一般的なようである。しかし、本書の構成を見ても分かると思われるが、これらの問題は産業心理学のほんの1分野にすぎないのである。むしろ最近では他の分野のほうが拡大の一途を辿っている。と言うのは、最近は産業界自体が情報産業を中心として以前とは比べものにならないくらいのスピードで質的な転換を果たしている。したがって、このような動向に伴って産業界から心理学に求められるニーズもまた大きく変化しているというのが現状である。そのため、産業心理学の分野もまたそのような方向へと大きく変わっている。1つの例を挙げてみよう。新しい行動空間としてバーチャルリアリティという世界が登場してきている。これは心理学的に見て実感としてのリアリティ空間と同じなのか異なっているのか、そのような場面で仕事をする場合、仕事の効率はどうか、作業の負担はどうか、心理的状況はどうか、といった問題が発生している。とても難しい問題であるが、これらの課題などは、今までの産業心理学では全く扱ったことのないテーマである。しかし、産業心理学が、産業界での問題解決を標榜している限り、このような時代の動向にもまた呼応していかなければならない。どうであろうか、産業心理学がカバーしなければならない領域の広さの一端を理解できたのではないだろうか。

　さてところで、本書の構成にも一言触れておきたい。各章の執筆はそれぞれの領域を専門とする先生方に分担してお願いしたものである。これは

産業心理学がカバーする分野の広さをすでに理解された方々には十分に納得のいく構成であると思うが、今日の産業心理学は、もはやとても1人の手では書き尽くせないほどに拡大してしまっている。しかし一方で、この点は、1冊の本として統一的に全体をまとめることを困難にするという問題も抱えていることになる。そこで、本書では、全体としての文体や表現を無理やりまとめることは避け、各章ごとに執筆の先生方にその方法をお任せすることにしている。これは多分、その方が、各執筆者の個性を読み取ることができると同時に、産業心理学の各領域が持つ特色や雰囲気を味わえるのではないかと考えたからである。

　さらに、本書は、Ⅰ部の「基礎編」とⅡ部の「事例編」とに分けて書いてある。これは先に、産業心理学が実社会の問題を扱うことを強調した関係もあって、実際に社会で起こっている諸問題と心理学との密接な関係を、読者に一段と理解してもらうことを願っての工夫である。したがって、「基礎編」と「事例編」の各章は各々対応して配置してある。本書に接する1つの方法として、まず興味のある事例を先に読み、それから対応する「基礎編」の章に入るというのも、読み方としては理解の促進に役立つかもしれない。

　ともあれ本書を手にされた方々が、心理学の産業場面への応用という問題について、各領域がどんな課題と方法とを駆使し、現状ではそれがどこまで到達し、そして今後には何を探求していかなければならないかを、読み進めていくにつれて理解されることを筆者一同が期待していることを記しておきたい。

　なお、最後に、本書の発刊に当たっては、八千代出版企画部の森口恵美子氏、同編集部の伊東さおり氏のお2人に、遅れがちな原稿の叱咤激励、雑多な原稿の整理などに多大のご迷惑とお世話をかけてしまった。末尾ながら、筆者一同を代表して御礼と感謝を申し上げる次第である。

2004年3月

編　　著

目 次

はじめに i

I部 基礎編

1章 産業と心理学とのかかわり ―― 3
- I 産業心理学の生い立ち ……………………………… 3
- II 今日の産業心理学 …………………………………… 6
- III 産業心理学の方法 …………………………………… 12
- IV 産業心理学のこれから ……………………………… 18

2章 組織とのかかわり ―― 25
- I 産業組織とは ………………………………………… 25
- II モチベーション ……………………………………… 32
- III リーダーシップ ……………………………………… 38

3章 人を扱う仕組みとのかかわり ―― 47
- I 採　　用 ……………………………………………… 48
- II 教育訓練 ……………………………………………… 53
- III 人事考課 ……………………………………………… 58
- IV リストラクチャリング ……………………………… 62

4章 利潤とのかかわり ―― 65
- I マーケティングとは ………………………………… 65
- II 消費者心理の基本枠組み …………………………… 69
- III 製品開発のための消費者心理 ……………………… 77
- IV 価格決定のための消費者心理 ……………………… 79
- V 販売促進のための消費者心理 ……………………… 80

Ⅵ　流通における消費者心理 ……………………………… *82*

5章　安全とのかかわり ─────────────── *85*
　　Ⅰ　個人エラー ……………………………………………… *85*
　　Ⅱ　組織エラー ……………………………………………… *92*
　　Ⅲ　安全文化 ………………………………………………… *99*

6章　健康とのかかわり ────────────── *107*
　　Ⅰ　職場ストレス発生のモデル ………………………… *107*
　　Ⅱ　ストレス発生職場とはどんなところ ……………… *110*
　　Ⅲ　不調の現れ方 ………………………………………… *117*
　　Ⅳ　予　　防 ……………………………………………… *119*
　　Ⅴ　現実的な解決方法 …………………………………… *120*

Ⅱ部　事 例 編

事例1　総合事例（JCO臨界事故）──────────── *125*
　　Ⅰ　事例の概要 …………………………………………… *126*
　　Ⅱ　事例の問題点 ………………………………………… *130*
　　Ⅲ　事例考察のための資料 ……………………………… *133*

事例2　リーダーシップの事例 ─────────── *139*
　　Ⅰ　事例の概要 …………………………………………… *139*
　　Ⅱ　事例の解説 …………………………………………… *140*

事例3　採用・教育の事例 ──────────────── *147*

事例4　企業における消費者心理の実際：自動車産業の場合 ── *153*
　　Ⅰ　自動車業界における調査の実際 …………………… *153*
　　Ⅱ　自動車購買行動に関する知見と活用事例 ………… *156*

事例 5　組織事故の事例（チャレンジャー号爆発事故） ———— *161*

事例 6　職場不適応の事例 ———————————————— *169*

索　　引　*175*

I部　　基　礎　編

1章

産業と心理学とのかかわり

1　産業心理学の生い立ち（どうしてできたの）

労働の発生

　「人はなぜ働くのか」というとても難しい問題がある。

　人類の歴史上、かって狩猟・採集だけを中心に生きていた時代があったと言われている。毎日、何の苦もなく、食べるための動植物が手に入るなら、多分人間にとって「労働」という言葉や概念は生まれなかったと思われる。しかし、自然界は、年間を通しての季節変動や、もっと大規模には地球規模の気候変動が存在するのが常態である。そのために、食料がいつでも簡単にすぐ手に入るというわけにはいかなかったはずである。また、食料がたやすく手に入るという恵まれた環境の下では、生物にとって固体数が増えてしまうという厄介な問題が生じてくる。個体数が増えれば、やがては簡単に全員が食べる量をまかなえないという事態になってしまう。こうなると、食料を確保するということだけのために一定の時間を割かなければならなくなるのが必然である。多分、このような時間の過ごし方が「労働」と呼ばれる人間行動の始まりに違いない。つまり、寝たい時に寝ることや祭りに興じることなど、自由気ままに時間を過ごすことが許されなくなり、生きていくために否応なく行わなければならない活動が生じてしまった、それが「労働」という行動だというわけである。

苦役か喜びか

　そこで、次に問題となるのは、この「否応なく」の中身である。自分や家族の空腹を満たすために格好の獲物が見つかれば元気が出てくる。多分、一生懸命頑張ってそれを手に入れようとするであろう。獲物との戦いが好勝負ならそこにはゲーム性も感じられ、気分も高揚して、やり甲斐のある活動となる。一方、いくら探しても獲物が見つからない場合や獲物との戦いに敗れた時、さらには長雨に降り込められた時などは、気分は落ち込み、辛くて苦しい時間だと感じるに違いない。「労働とは苦役である」という西欧の多くの思想が背景とする考え方は、多分、労働が持つ、この「否応なく」と「辛い」という側面に焦点を当てた見方だと思われる。つまり、このことは歴史として記録に残るようになって以来、人類はそう簡単に生きるための獲物が手に入らない環境下で過ごしてきたという証しだとも考えられよう。

　しかし、労働には、先に述べた「気分が高揚する」とか「やり甲斐を感じる」といった側面もたしかに存在する。ただただ辛いだけでは、人類は現代まで生き延びてはこられなかったに違いない。我々が棲む東洋圏の思想の中には、この辛くて苦しい労働という営みを、当時その主たる働きかけの対象であった自然との共生（時に同一化）によって、苦役とはまた別な面に置き換えようという発想があったかに思われる。

産業革命の功罪

　しかし、19世紀になって西欧世界で勃興した、いわゆる産業革命は、従来からの労働の形態を一変させることになった。自然という対象に働きかけて糧を得るというそれまでのスタイルから、産業革命は人類自らが糧を作り出すという労働形態への変化を促すものであった。この流れは、工業化社会を経て今日の情報化社会に至るまで一貫した方向性を持って現代の労働の形態を特色づけているように思われる。産業革命当時、人々は1

つの夢を持ったはずである。直接には制御できない自然の呪縛から解き放たれ、人間自らの手によって効率的に生きる糧が得られ、苦役から解放される時代が到来するのだと多くの人々が喜んだに違いない。

しかし、産業革命の結果は、一方で、働くこと自体が商品化してしまうという予想外の事態をもたらすこととなった。それは労働の買い手と売り手という立場を生み出し、これに伴う富の偏在に由来する社会的階級制を作り出すことを招来したのである。労働の本来的価値形態である「自己完結性（生きるのに必要な量だけ働く）」は失われ、他人のために働く、もしくは働かされる、あるいは必要量以上の生産を行い、それらを寡占して他者を圧迫するといった思わぬ姿まで現れるようになったのである。そのために、働かされる者にとっては再び「労働は苦役」以外の何ものでもなくなり、ひどい時代には1日に16時間も労働するような人々まで出現したのである。産業革命を急進的に進めた西欧社会で「労働が苦役」だとする思想が今日まで連綿と受け継がれている背景の1つが、このような労働形態にあったことは指摘しておいても間違いではないであろう。

しかしながら、先に述べた「労働には2つの側面が存在する」という事実は、多分、人間が行うあらゆる営みの本質に由来するものだと思われる。したがって、「労働」という行動を考える場合、それを単なる「苦役」としてだけ捉えるのではなく、そこに「喜び」や「生き甲斐」を見出し得るものだと考えることも忘れてはならない重要な視点となろう。

産業心理学の目的

さて、そこでいよいよ産業心理学の登場である。「苦役」であれ「喜び」であれ、それらは全て人間の心の中に湧き出してくる感情に他ならない。したがって、同じ労働に従事していても、ある人は「苦役」と感じ、ある人は「やり甲斐」と感じることも生じてくる。そのため、どんな人がどんな時に労働を「苦役」と感じ、誰がいつ労働を「やり甲斐」と感じるかが問題となってくるわけである。この心理的な状態を中心に据えて、人間と

働く環境の関係、最近の言葉で言えばそれらのインターフェイスを考えることが必要となってくる。もちろん、このような問題を考える目的は、先に述べた労働が持つ2つの価値であるところの「苦役」と「やり甲斐」の中味やその境界領域を考えてみたいからに他ならない。つまり、「苦役」は低減の方向へ「やり甲斐」は増大の方向へと改善を図りたいがためである。そして、この分析や検討の結果が労働の最終的価値である生きる糧の獲得に効果的に寄与するものでありたいという願いがある。これが産業心理学が生まれてきた契機であり目的である。

　どうであろうか、産業心理学が生まれてきた経緯は理解されたであろうか。しかし、上で述べたような相い反する2つの価値を現実の社会の中で具体的に解決することは大変に難しいテーマではある。そこには驚くほどに多様な問題が複雑に絡んでくる。これらの絡み合った要因の1つひとつを掘り起こし、それぞれに対する解決策を個人や集団のレベルで具体的に提案するというのが産業心理の目指すところなのである。

II　今日の産業心理学（今、何をやっているの）

　まず、今日、産業界からのニーズとして産業心理学に最も解決策の要請が求められている課題を紹介しておく。それは、「職業ストレスへの対応」と「安全・安心の確保」という2つのテーマである。いずれも、最近新聞などで、これらに関連するトピックスがしばしば取り上げられているので目にした人も多いことと思う。ところが、これらの課題は、実を言えば、過去から長年にわたって、産業心理学が一貫して取り組み苦闘してきた課題である。しかし、そのどちらもが、現実にはとても複雑な要素を多様に抱えており、なかなかすっきりとした解決策が見つからなくて苦しんでいる課題でもある。このことは裏を返せば、人が働くということに伴う負の要素（ストレスや危険など）はいつの時代にも存在し、バブル期のように経済の高揚期にはその華やかさの陰に隠れて目立たなかったものの、その根

底には一貫して存在した問題であり常に解決策が求められてきた課題であったと言うことができよう。したがって、今日のように経済状況が低迷期に入ると、たちまちにしてこれらの問題が社会の前面に出てくるというのがどうやら歴史の流れのようである。その意味合いもあって、今日、産業心理学が何の問題に取り組んでいるのか、という問いに対しては、これら2つの課題を取り上げることで応えることにしようというわけである。

職業ストレスについて

では「職業ストレスへの対応」の問題から見てみよう。バブル経済がはじけて以来、日本経済は長期的な構造不況に悩んでいる。その対策として、各企業は不況によって収入の拡大がままならないために、支出の抑制を図ることによって収支のバランスを保とうと躍起になっている。支出項目の中で最も多くの割合を占めるものは何であろうか。もちろんそれは人件費である。したがって、リストラという耳障りのよい言葉の下に、各企業は人減らし策を強力に推し進めているわけである。その結果、失業率の増大は過去最高の水準に達している。しかし、リストラの結果生み出された問題は失業問題だけに留まらない。幸か不幸か職場に残された人々にとっても、仕事量の増大や作業密度の高まり、果ては残業時間の拡大など働く条件や環境の悪化が急速に進むこととなった。さらに、日本経済の低迷に影響を及ぼしている原因にも眼も向けてみよう。経済圏のグローバル化がその主たるものである。中国を初めとする発展途上国の追い上げがデフレ現象を長引かせている要素として指摘されている事は承知のことであろう。

さて、このような経済環境の下にあって、職場で働く人々にとって以前より好ましい労働条件が確保されることが期待できるであろうか。答えは否である。「過労死」という言葉を聞いたことがあろう。今日では大半の企業が目標管理という制度を導入している。この設定された目標達成のために、寝食も忘れて仕事に邁進した結果、健康を損ねてしまい、突然のように死に至ってしまったというケースが過労死である。現在、死に至らな

いまでも、職場で仕事に追われ心身の健康を害している人々が多数発生していると言われている。特に精神的なストレスを抱え、うつ病の症状を呈する人が多くなっているとの報告がされている。原因は作業量の増大だけではない。先に述べたグローバル化に伴う仕事の国際化もまた大きな要素の1つである。日本人が苦手な英語での交渉も当たり前のように求められているのが今日の職場である。企業によっては、TOEICやTOEFLで600点以上を昇進の条件にしているところもあると言う。つまり、量だけではなく仕事の質もまた大幅に変化しているわけである。これでは、中高年世代がストレスを感じないわけはない。心の不調を訴える人々が増加しているのは時代が生んだ当然の結果だと言えよう。

　もちろん、雇用主である企業もこの問題を放っておくわけにはいかなくなっている。そこで、精神科医や臨床心理士にその解決策が求められているというのが現状である。しかし、もうすでに理解されたと思われるが、ストレスの原因というのは単に個人の内部の世界だけに存在するわけではない。個人を取り巻く職場環境全体、大げさに言えば世界規模の経済のせめぎ合いにあるというのが実態である。どうであろうか、これは果たして産業心理学だけで解決できる課題であろうか。しかし、かと言って、職業ストレス問題の解決には世界経済全体の好転を待つしかない、というのでは産業心理学の存在意義が問われてしまうことになる。したがって、上に述べたような大小様々な背景要因（個人、集団、組織、グローバル圏）を十分に理解しつつ、なお当面の個人の心の安寧を図る方策は何か、という難しい課題を設定してこれに取り組まなければならないのである。もちろん、産業心理学が今も手をこまねいているわけではない。臨床心理士認定制度の創設などによりカウンセラーの育成など、人材養成の面からもこの問題への解決策を模索している。また、そのような活動の中味も各種の新しい療法（各種行動療法など）の開発などにより質的な向上を図っている。しかし、この問題の解決ポイントは、何といっても個人の内的要因と共に、個人を取り巻く職場環境の改善にあることは論を待たない。したがって、現

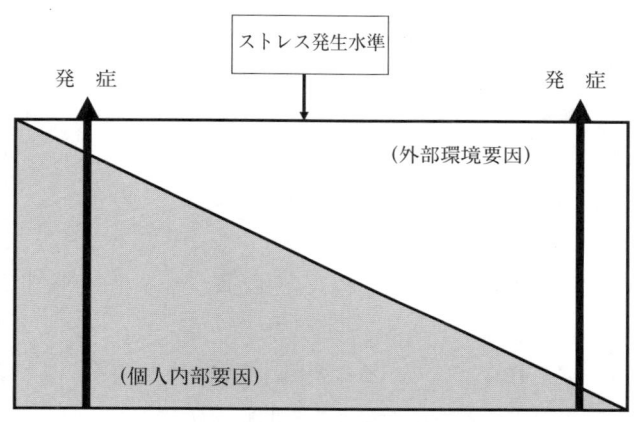

図1-1　職業ストレス発生要因のモデル図

在、カウンセリングに従事している人達も精力的に外界への働きかけを行っている。広くは海外の専門家とも協力して国際ネットワークを構築しているといった例もある。

　図1-1は、職業ストレスの発生要因を個人要因と環境要因との関係でモデル的に示したものである。図の左側にいくにつれ個人要因の割合が多く、右側にいくと環境要因がその多くを占めることを示したものである。前者の場合には、対人場面でのカウンセリングなどが有効性を発揮すると思われる。しかし、後者の場合には、カウンセリングという方法だけでは問題は解決できないことが分かるであろう。この場合には、カウンセラーが外部の人達と協力することが必須の条件となってくる。

安全・安心の確保について

　次に2つ目の「安全・安心の確保」という問題を検討してみよう。茨城県の東海村で起こった原子燃料加工工場での臨界事故は記憶に新しいと思う。この事故は、戦争を別にすれば、日本国内で放射能汚染による初の死者を出してしまったものである。その原因は、扱っている放射性物質に関する基本的な知識不足（臨界条件）とズサンな作業管理体制（企業内教育を

含めて）にあったと言われている。かって、日本の企業は独特の人事制度や組織形態によって優れた安全管理を世界に誇っていた（外国からは日本の安全神話と呼ばれていた）。しかし、今日では、雪印食品による食中毒事件、三菱自動車のリコール隠し、東京女子医大での医療ミス隠蔽、東京電力の試験データ捏造問題など相次ぐ企業不祥事によってその名声は地に落ちてしまった。どうしてこのようなことになってしまったのであろうか。若年者を中心とする労働観の変化、学校教育の荒廃、少子化や高齢化による技能伝承の崩壊、欧米流のマニュアル至上主義、コンピュータによる作業のブラックボックス化などいろいろな要因が指摘されている。このような事態を背景に、今日、これら1つひとつの問題に産業心理学からの提言が求められている。しかしながら、これらのどれ1つを取ってみても、とても個人の心組みを支援するといった単純な方法では解決できないものばかりである。しかし、ここでもまた課題を放置することは産業心理学にとっては許されない。どんな些細で小さな対応策でも模索して提言していかなければならない状況にある。したがって、現在は、最近の言葉で言う「人にやさしい」をキーワードに、使いやすいマニュアルとは何か、分かりやすい人と機械のインターフェイスとはどんなものか、コンプライアンスと言われる職業倫理観の確立はどうしたらできるのか、伝統技能のドキュメントシステムは可能か、等々のテーマに今産業心理学は一生懸命に取り組んでいるのである。

　ところで、上に述べたような課題を研究している産業心理学の分野は別名ヒューマンファクターズとも呼ばれている。今日では、このヒューマンファクターズは心理学に留まらず、他の学問分野の研究者も巻き込んで1つの学問領域を形成するかのような勢いを呈している。今このヒューマンファクターズの分野で話題となっている1つのキーワードに、「安全文化」という言葉がある。つまり、安全の確保には、当該社会が形成し維持している安全に対する文化のレベルを問題にしようという視点である。どうであろうか。文化の醸成までもが産業心理学の研究対象となっている現状が

理解できたであろうか。

　さて、上に述べた2つのテーマからでも、今日産業心理学が直面している課題と問題の複雑さや解決の困難さは理解できたと思う。もちろん、個々のテーマについては後続の章で詳しく取り上げているので、具体的な課題内容と解決方法などはそちらに譲ることにする。

　では最後に、この節のまとめとして、以下に、他に今日数多く取り上げられている産業心理学のテーマを紹介しておこう。

　交通安全を巡る問題がある。この問題は被害者ばかりでなく加害者になり得るという意味で職業ドライバーにとっても大きな問題である。職場の倫理や性差別さらにはハラスメントの問題もある。また、フリータの増大という若者にかかわる労働市場の問題も存在する。加えて、国際化に伴う海外進出企業の労働者や国内的には外国人労働者の雇用の問題も今日的課題となってきている。言うまでもなく、それぞれが複雑な要素を抱えており、そうそう簡単な解決策があるわけではないが、どうであろうか、これらを見ても今日産業心理学が取り組んでいる課題の現在がうかがい知れるのではないだろうか。

コラム：職業ストレスとは悪いものか

　ストレスの全くない生活を考えてみよう。毎日がお祭りのように楽しく何の苦労もない日々である。しかし、そんな生活も繰り返しているときっと飽きてしまうと思う。多分、何か仕事らしきものに取り組みたくなってくるはずである。この仕事らしきものを始めると、必ずそれを達成するための勉強や他人との交渉などが必要になってくる。

　すると、そこにはなかなか思うようにならないイライラや苦しさが生まれてくるものである。このような心理状況をストレスと呼んでいるわけである。しかし、このストレスを乗り越えると充実感や達成感が生まれてくる。つまり、仕事のやり甲斐とは、この充実感や達成感によって裏打ちされているものだと言うことになる。この経験を糧にして人間は成長しているのだとも考えられよう。したがって、ストレスが無い生活というのは人間の成長にとっては必ずしも好ましい状況ではないと思われる。その人の能力をはるかに超

えて解決できないようなストレスは問題だが、何とか頑張れば克服できるようなストレスは逆に人間の成長を促すという意味で歓迎すべきものだとは言えないであろうか。苦労を乗り越えるからお祭りが楽しいのである。毎日がお祭りだなんて、きっと退屈で耐えられないに違いない。

III 産業心理学の方法（どうやって扱うの）

　産業心理学が扱うテーマについては、すでにおおよその理解ができたと思う。そこでこの節では、その方法について述べることとする。
　産業心理学の方法は大きく、実験、各種観察・測定、そして面接という3つの方法に分けられる。

実験的方法

　ではまず、実験的方法について述べてみよう。産業心理学において実験的方法が用いられるケースは他の方法に比べて比較的少ない。なぜならば、現実社会で発生する事象は様々な要因を含んでおり、それらの全てを実験的な場面に持ち込むことが困難だからである。後続の章を読み進むにつれて理解されると思うが、我々の社会現象というのは実に多様で複雑なものである。したがって、産業心理学の実験の多くは、それらの要因の中からその一部だけを取り出して実験的に確かめるという範囲に留まらざるを得ない。もちろん、このように述べたからといって、実験的方法の価値が少なくなるというわけではない。実際にも実験的な方法を用いて社会的に有益な提言に至ったケースは幾つかある。以下にその1つの例を見てみよう。

【具 体 例】
　一時、大型トラックが左折する時に、左側を並走していた自転車や歩行者を巻き込んで事故を起こしてしまうという例が数多く報告された。このような事故に対して、交通安全問題に取り組んでいた人間研究者たちは実験を試みている。まず、彼らは実験用に改良した車を用意した。フロント

ガラスには光を偏向させる板を取り付け外光の制御を可能としている（工学的技術の応用）。この工夫によって運転者の視線をアイカメラ（視線を光信号に変える装置）によって追跡し、その視線の位置（どこを見ているか）を車外状況のビデオ映像と共に記録することが実現した。この装置を使って繰り返し走行実験を行った結果、大型車の場合、右側にある運転席からは、車の左横下側は全くの死角（サイドミラーによっても）になっていることが明らかとなり、この結果を公表したことにより、以後、車のメーカーもこの実験結果を無視するわけにはいかなくなった。そこでメーカーは、コスト高になるにもかかわらず、大型車の場合、運転席左側のドアの下部には窓を設置して死角をなくすという改良を施すことになった。さらには、車が左折のハンドルを切ると同時にその信号を検出してスピーカーで「左に曲がります」という警告のアナウンスを流すという新たな装置も取り付けている。多分、多くの人が街中でこのアナウンスは聞いたことがあると思う。さて、このような改良を施して以降、警察庁の事故統計によっても、大型車の左折時巻き込み事故が激減したことが報告されている。

　どうであろうか、実験に基づいた提言が十分な説得力を持ち、社会的にも有益な結果をもたらすことが理解できたと思う。ところで、この事故対策に向けた実験の要点が、運転者という人間の要因に着目して、その視線を記録するという工夫に解決のポイントがあったことに異論はないであろう。この例などは、心理学的発想による実験的手法が現実問題の解決に貢献した良い例である。

　もちろん、交通安全問題の他にも実験的方法が有効な例がある。例えば、幼児期に不幸にして心的外傷（PTSD：トラウマ）を負ってしまった人達に対して最近行動療法が効果を上げているという報告がある。これは学習心理学の領域で研究されてきた条件づけの実験を基礎に、その消去プロセスと新たな刺激―反応関係の構築の手法を応用して、クライアントにそれまでは持っていなかった新しい行動パターンの獲得を促すという方法である。この例などは、単に実験室の中に心理学の方法を留まらせず、実際の療法

にそれを応用することによって一定の成果を生み出している例だと言えよう。

観察・測定という方法

　次に、観察・測定という方法について紹介してみよう。

　唐突だが、心理学の一通りの基礎を学んだ後、応用心理学の領域に進もうという人によく勧められる書物は何だと思われるであろうか。それはなんとファーブルの『昆虫記』である。「なぜ」と思うかもしれないが、実際そうなのである。筆者も初めは「なぜ」と思ったものである。しかし、今では実に納得する話だと思っている。

　考えてもみれば、実際の社会に存在する状況というのは、勝手に研究者が実験だからといって手を加えることはできないものである。装置産業などでは、機器や装置は生産のために多大のコストをかけて設置したものである。したがって、研究のためにそれに手を加え再び修復するなどといったことはコスト面から見ても現実的ではない。また、研究者が心的外傷の影響を調べるのだからといって、例えば幼児をそのようなことが起こりそうな環境にさらすなどということが許されるはずもない。たちまち人権問題となってしまう。

　以上のようなことを考えると、どうしても必要になってくるのが現状を壊すことなく進められる観察と測定という方法だということが分かろう。さて、観察と測定によって効果的、現実的、かつ納得的な提言をするためには、鋭い観察眼と厳密な測定が必要である。それゆえにファーブルの昆虫記が最も良い参考書になるというわけである。

【具　体　例】

　ではここでも、観察と測定が成果をもたらした例を挙げておこう。

　ある中層のビジネスホテルにおけるエレベータ管理の話である。このビルでは3基のエレベータを並列に設置しておいたのだが、当初特別な走行管理は行っていなかった。そのために、しばしば3基とも同時に上層階に

上がってしまうケースなどが発生し、下で待っている利用者からは不満が続出するという事態が起こってしまった。そこで、このホテルの経営者はエレベーター会社に相談を行ってみた。するとその返事は、最新のコンピュータシステムを導入すれば問題はすぐにも解決する、ただしその導入には数百万円近く掛かるとのことであった。とてもそんな大金は新たに投資できないということでこの経営者は思案に暮れてしまっていた。さてここからが、観察と測定を旨とする人間研究者の出番である。彼らはまず、利用者の行動を注意深く観察した。次にエレベータの平均待ち時間の測定を行っている。その結果、この2つのデータから彼らは実に巧みな対策案を導き出したのである。どんな対策だと思われるであろうか。それは各エレベータの合間に鏡を設置するというものだったのである。測定の結果、待ち時間の平均は3分弱であった。このような短い待ち時間の間に人間はどんな行動をするかというのが観察の結果から集約されている。人は、目の前に自分の姿が写し出されたら、大概の場合、髪や服装の乱れをチェックしたり顔色や表情を気にしたりするものである（実際にもそのようなしぐさが見られている）。したがって、この自己観察行動をさらに促してやれば3分という時間は十分に心理的に満たされる時間幅だという結論に至ったわけである。結果は言うまでもない。鏡を設置してからというもの苦情は激減したのである。数百万円がたった2枚の鏡の代金で済んだという話である。どうであろうか、観察と測定を現実の人間の問題に応用することの興味深さが理解できたであろうか。

　この例は、1つの典型的な成功例である。しかし、いつもこのように簡単に問題が解決するわけではない。産業心理学では観察・測定が最も基本的な方法だが、その活用には相当な経験と熟練が必要なことはすでに述べた。しかし、基本的なスタンスとして、必ず問題の発生している現場に足を運び、そこで仕事をしている人間行動を注意深く観察するという姿勢を崩さなければこの資質はいつしか獲得されるものだと思われる。

　他にも観察・測定という方法が用いられている例は数多くある。工場な

どでのライン管理にはタイムスタディという観察と測定を一体化した方法などが応用されている。個人の職業適性やリーダーシップの程度を見極めるのに心理テストなどの測定が行われているのはご存知のことであろう。各種の意識調査やアンケート調査などは、みんな観察によって導き出された仮説を検証するために開発された測定のツールに他ならない。

面接という方法

3番目には面接という方法についてである。この方法は、上で述べた観察・測定の結果をさらに検証しその妥当性を確かめるために使われる場合と、職場ストレスなど心の問題を抱えた人達に対して行われるカウンセリング手法とに大別される。前者の場合はすでに理解が進んでいることと思われるので、以下では後者のカウンセリング手法についてだけ述べることにする。

最近は、受験生の間でもカウンセリングを主な仕事とする臨床心理士という職業に人気があるとのことである。そのためもあってか、各大学の心理学科には応募者が多くなっていると聞いている。一面それは就職先が確保できそうだとの情報にもよるものであろうが、それだけカウンセラーの需要が増しているというのも別な意味では不幸な社会状況だと言えるかもしれない。

話を戻そう。筆者はこれからカウンセラーを目指そうという学生に会うと必ず次のような質問をすることにしている。「カウンセラーというのは、自分の身を削るような大変な仕事だけれど自信がありますか」と。すると彼らは一様に「私は人と接するのが好きだから大丈夫です」と応える。たしかに人間嫌いの人にこの職業が合うわけはないので、答えはそれで十分ではある。しかし、多くの場合、カウンセラーが接する相手というのは、心に悩みを抱えていたり、時には精神的に病的な要素を持っていたりする人達である。健常者と気楽に話すのとはわけが違う。学生さんの気軽さに幾分かの懸念を覚えるのは取り越し苦労であろうか。さて、いずれにして

も、何らかの心の問題を抱えた人達に、他者という立場から有効な支援を行い、その行動の変容を促すというのは余程の経験、資質、見識、忍耐など精神的な力を備えていなければ遂行できない仕事だと思われる。この節は産業心理学の方法について述べているのだが、カウンセリングという営みはそれを方法論の中で紹介するのにはいささかの違和感を覚える内容を含んでいるように思われる。つまり、カウンセリングは単にテクニックなど手法の問題に還元できない側面を持っているということである。そこでは、手法などはほんの入り口の問題であって、その本質は、カウンセリングに従事する人の全人格が問われる仕事だと筆者は認識している。したがって、カウンセリングを方法論の項で述べるのには少々の違和感があると述べたわけである。

逸　　話

さて、上で述べたような問題の難しさもあって、前項までのようにこの項で紹介する適当な事例が急には見当たらない。そこで以下のような逸話を紹介してここでの事例に代えることにしたい。

西遊記という中国の昔話はご存知のことと思う。

ある日、孫悟空がお釈迦様に向かって「今日は世界の果てまで行って来ようと思います」と願い出た。お釈迦様は「どうぞ行ってらっしゃい」と答えた。ご存知のように孫悟空は一声掛ければ三千里も飛ぶという金とんの雲に乗っている。喜んだ孫悟空は雲を飛ばしに飛ばして遂に世界の果てらしきところに辿り着いた。そこで彼は到達の記念とばかりに傍らに立っていた5本の柱に「孫悟空ここに来たる」と落書きをして帰ったのである。まるで日本の若者のようである。お釈迦様の元に帰った孫悟空は誇らしげな顔をして旅の一部始終を報告した。するとお釈迦様は「孫悟空それは良かったね」とだけ述べたという。しかし、お釈迦様の指には「孫悟空ここに来たる」と書いてあったという話である。

この逸話はいったい何を物語っているのであろうか。暴れん坊の孫悟空

は、やりたい放題に振舞っている。しかし、お釈迦様はそっと自分の手の中で孫悟空を守っている。にもかかわらず、孫悟空はそれに全く気付いていない。お釈迦様はそれを全く孫悟空に気付かせないように振舞っている。どうであろうか、筆者は、カウンセリングという営みはこのお釈迦様の行動に凝縮されているような気がしてならない。

　もうこれ以上説明する必要はないと思う。面接という方法の中のカウンセリングという分野は、とても方法論の枠内に納まるようなテーマではないと述べた真意が理解されたことと思う。

　以上、産業心理学が用いる各種の方法を紹介してきた。では本節の最後に誤解のないように一言だけ述べておくこととする。記述の便宜上、その方法を3つに分けて紹介した。しかし、実社会の課題に取り組む場合には、いずれか1つの方法だけを用いるということは滅多にない。繰り返し述べるが、現実の社会の問題は多様である。したがって、これに臨む方法もまた多様であることが要求される。そのためには、実験、観察・測定、面接といった全ての方法を組み合わせて現場に臨むことの方が一般的である。産業心理学は方法においてもまた多様で複雑な領域であることを理解してほしい。

IV　産業心理学のこれから（今後はどうなるの）

　産業心理学が扱うテーマは、社会の動向に伴って変遷していかなければならない宿命にあることは再三述べてきた。したがって、その将来もまた社会状況の変化と一体化したものにならざるを得ない。その意味では、本節の記述は、産業社会の将来予測ということでもある。

　さて、今後の産業社会を予測してみると、多分、以下の3つのキーワードで象徴される問題が重要さを増してくると思われる。それらは、IT (Information Technology) 化、少子高齢化、国際化の3つである。では、

それぞれについて検討してみよう。ただし、未来予測なので、必ずしも当たっているとは限らない。したがって、その記述は、簡単な範囲に留めておくこととする。

IT化について

現代の産業社会がコンピュータを中心とする情報化システムの真っ只中にあることは誰しもが知っているであろう。それはFA化（Factory Automation）、OA化（Office Automation）、HA化（Home Automation）の軌跡を辿り、今や携帯端末に代表されるようなIPA化（Inner Personal Automation）にまで至っている。さらに今後はユビキタス社会の到来だと言われるように、仕事や生活のあらゆる局面に情報チップが埋め込まれ、全てがそれらによって管理されるという生活が近未来の姿である。ロボットによる無人化工場の実現によって3K労働から解放されると言う。サテライトオフィスで仕事を行い通勤地獄とは無縁になるとも言われている。果ては、栄養バランスから睡眠の過不足まで体内に埋め込んだチップによって管理し健康状態が維持されるとも言われている。全てがバラ色のようにも思える。しかし、こういった生活を本当に手放しで喜んでよいものであろうか。物事には必ず表と裏が存在する。かってコンピュータ普及全盛の頃、テクノストレスという症候群が取り沙汰されたことがある。ITにのめり込むあまり通常の生活感覚や対人関係に支障を来たしてしまった症状のことである。最近はあまり話題にはならないが、果たしてこの問題は克服され消え去ったのであろうか。筆者は違うと思う。むしろ以前より広汎かつ深く進行しているに違いない。それが一般的になったがゆえに話題にならないだけだと思われる。いずれ何らかの形でそれは未来社会の中に頭をもたげてくる問題だと見ている。

　IT化をより拡大した形に仕事のシステム化がある。個々の仕事を広汎に結びつけ、強大なネットワークの下に管理する方式である。こうなると、仕事はもはや個人の手触り感や認識・想像力の範囲を超えて得体の知れぬ

怪物のような存在となってくる。例えば、仕事上のほんの些細なヒューマンエラー（人的過誤）がとてつもない大事故に発展してしまうという可能性もはらんでいる。そして困ったことに、エラー発生の初期には当事者もその自覚を持つことができず、よしんばそれに気づいたにしても、ブラックボックス化しているシステムに対して何らの手も打てないという事態さえも予想されている（システム性災害と呼ばれている）。

おそらく、近未来において、産業心理学はこのようなIT化、システム化された職場における仕事と人間の問題に答えを求められるに違いない。

少子高齢化について

労働人口に占める若年層の減少傾向に歯止めがかからない。一方、中高年層の増大は目を見張るばかりである。いわゆる労働人口の逆三角型が否応なく進行している。社会全体としては、年金問題など深刻な事態の到来が予測されているが、産業労働の問題についてもこの現象は様々な課題を生起させることが予想される。今日はやくも問題となっているテーマに技能伝承がままならないという課題がある。受け皿となるべき若年層が少なく、かつ若者達は情報化社会の申し子のような存在なので古い世代とのコミュニケーションにギャップが生じてしまうのは当然の結果かもしれない。先の急速なIT化によって世代間に生じる労働価値観のギャップは今後大きな社会問題となる可能性を秘めている。

逆三角型の労働人口構成は労働市場にも大きな影響を与えよう。若年層の就職難、その結果としてのフリーターの増大、高齢者層の生きがい喪失、その対策としてのワークシェアリング（仕事の分かち合い）の是非など問題は山積の感がある。図1-2を参照されたい。日本の就業者の産業別分布である。圧倒的に3次産業に就いている人の割合が多いことが分かる。特に若者の3次産業志向は顕著である。このように3次産業ばかりに人々が殺到して今後の日本の産業社会はいったいどのようになっていくのであろうか。こういった問題に対しても、産業心理学は今後に向けて何らかの答え

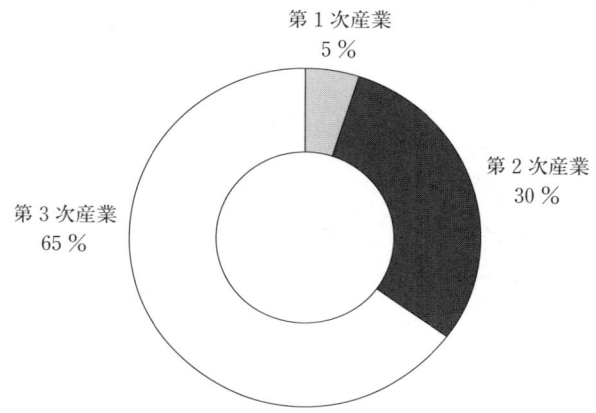

図1-2　**産業別就業者割合**（総務省統計局　産業3部門別就業者数より　平成13年度版）

を用意しておかなければならないことになる。

国際化について

　2つの側面が考えられよう。1つはグローバル化に呼応しての企業の海外進出にかかわる問題である。もう1つは、国内市場の開放とこれに伴う外国人労働者の増大である。

　製造業の海外進出はめざましく、国内産業の空洞化と保有技術の衰退が指摘されて久しい。技術立国を誇った日本の社会は今後どのような方向に向かうのであろうか。

　企業戦士として海外に派遣された人達の中には、異文化とのギャップに悩み心の病に冒されている人も多いと聞く。海外勤務では、教育問題がネックとなり単身赴任が常態だと言う。これはストレスを癒すべき家庭の問題でもあるため、そうそう簡単な解決策があるとは思えない。筆者は最近、父親の仕事の関係で交互に海外と国内の生活を繰り返す事を余儀なくされ、日本語も外国語もままならず（基盤文化を失っているという意味で）、自らのアイデンティティを見出せなくて苦しんでいる若者から相談を受ける機会を持った。人間が成長期にこのような環境下に置かれた場合、これを幼少

期に自ら克服していくのは容易なことではないと実感させられたものである。日本企業が否応なしの海外進出を迫られている陰で、企業戦士の家庭が困難な課題に直面している現実がある（単身赴任という対応での父親不在という家庭状況は本来の姿だとはとても思えない）。

　国内はどうであろうか。今や建設業などを筆頭に、3K職場は外国人労働者なくしては成り立たない状況だと言う。発展途上国の攻勢の前に日本の農業は崩壊寸前だとも言われている。昨年（2003年）度新規に農業に参入した若年者は日本全国で200人に満たなかったと報告されている。居酒屋で食べる焼き鳥の100％近くが、すでに串に差した状態で輸入されているとのことである。

　このような事態の進行を目の当たりにして、産業心理学も傍観しているわけにはいかない。どのようにして今後のグローバル化に対応するのか、その中で異文化を融合して働くことの価値をどのように見出したらよいのか、仕事の何が生きがいとなるのか、これら諸々に対する答えを早急にも用意しなければならないと思われる。この点においても、産業心理学に対する問題解決への要請事項は高まりこそすれ減少するとは思えない。

　いずれの問題に目を向けるにしても、困難な未来の労働の姿が予想される。それは個人レベルにおいても企業レベルにおいても同様だと考えられる。これらに対して、産業心理学はいったい何ができるのであろうか。よほど心して取り組まなければならない未来社会が、すぐそこまで来ているのだとしておきたい。

コラム：世代間ギャップ

　イギリスの大英博物館にロゼッタストーンという石が展示されている。これは、ナポレオンがエジプトに攻め込んだ際にたまたま掘り出して持ち帰った古代の石碑の一部だそうである。この石に刻まれていた碑文をフランスの考古学者であるシャンポリオンという人が解読に成功している。それによると、この石碑は、紀元前196年当時のエジプト王、プトレマイオス5世時代に造られたものであることが明らかとなった。ところで、その碑文の内容だ

が、そこには、当時の王を称える賛辞が大半に書かれていたが、一部、庶民の生活に触れた事柄も書いてあったとのことである。さて、その庶民生活の部分だが、長老が、当時の若者の働き振りを見て「いまどきの若い者は……」と嘆いている内容が記されていたとのことである。どうであろうか。いつの時代においても、大人から見ると若者の姿は頼りなげに見えるもののようである（世代間ギャップであろうか）。それにしても、人間というものは2000年を経てもなお成長していないことではある。

参 考 文 献
井上枝一郎編著「心理学の理解」労働科学研究所出版部、2001年
梅津八三他編「心理学事典」平凡社、1981年
「現代用語の基礎知識」自由国民社、2003年

2章

組織とのかかわり

　通常、産業の実施主体は"組織"という形態をとっていることが多い。これは、産業活動を効率よく営むために人工的に造られたものである。このような組織に対して心理学はどのようにかかわっているのだろうか。
　本章では、産業組織を構成する要因間のつながりを全体的に見渡しながら、組織の構成員として働くメンバーの仕事意欲やリーダーシップといった心理学的な事柄について考察してみたい。

I　産業組織とは（産業組織ってどんなもの）

　そもそも産業組織とはどのようなものなのであろうか。この節では、なぜ多くの人が集まって働く必要があるのか、組織はどのような要素から成り立っているのか、またどのように運用されているのかといった事柄にふれながら、産業組織そのものの性質について見ていく。

協働の必要性

　産業組織では複数の人が集まって働いている。これを協働（cooperation）という。ここで着目したい点は「なぜ協働の必要があるのか」ということである。次の例を考えてみてほしい。ある目的地へ行く唯一の道が大きな石でふさがれていたとする。これでは目的地に到達することができない。そのような状況においてなしうることは次の2つのうちのいずれかである。1つは、その目的地へ行くことをあきらめて別の目的地を設定す

ること（目的の変更）であり、もう1つは、石を取り除く手段を考えて実行することである（手段の創出）。なお、手段の創出にはさらに2つの方策がある。その第1は、道具を用いて石を粉砕して個人で石を除去することであり、第2は、複数の人と協力して石を移動させることである。この後者がまさに"協働"である。

　上の例のように、個人でも何とか達成しうるような目的であれば協働の必要はない。しかしながら、古来より人は個人の能力限界（制約）を超える壮大な目的を掲げてきた。そのような場合、つまり個人レベルの手段ではどうしても達成し得ない目的を達成しようとする場合は協働という手段が最適だったのである。協働は個人の制約である肉体的能力を向上させるだけでなく、精神的能力（例えば、記憶、思考、判断）をも向上させ、目的達成の可能性を大幅に拡張する機能を持っている。

協働システムと個人

　協働する仕組みを協働システム（cooperative system）という。国家、地方自治体、企業、学校、病院などは全てこの協働システムの具体的形態である。では、以下のような例をとりながら、協働システムとそれに参加する個人との基本的関係について考えてみよう。

　Aさん、Bさん、Cさんの3人は、一緒に住むための家を自分たちで建設しようと考えた。当初、Aさんは「外観はレンガ、室内はフローリング、トイレは和式」、Bさんは「外観はコンクリート、室内はフローリング、トイレは洋式」、Cさんは「外観はコンクリート、室内はタタミ、トイレは和式」の家を建設することがそれぞれの目的（個人目的）であった。しかし、このように3人の意見が分かれたので話し合いを行い、最終的に「外観はコンクリート、室内はフローリング、トイレは和式」の家を建設することを共通の目的（協働目的）とした。その後、3人はこの協働目的の下に一致団結して建設作業に当たり、その甲斐あって協働目的に合致した家が完成した。これにより、3人はそれぞれの個人目的を部分的ではあ

るが達成することができた。

この例から、協働システムと参加者との間の基本的な関係が見えてくる。まず第1に、協働システムにおいては参加者共通の目的（協働目的）が設定され、それを達成することが何にもまして優先される。第2に、各参加者の個人的な目的（個人目的）はそれぞれ少しずつ異なっているので、ほとんどの場合、協働目的と個人目的は完全に一致することはない。この2つを考えあわせると、協働システムに参加する者は自らの個人目的をできるだけ達成することを目指しつつ、協働目的の達成のために貢献しなければならないことになる。ただし、貢献すればその見返りとして参加者には協働システムが得た成果の一部が与えられる。これにより参加者は自らの個人目的を部分的に達成することができる。協働システムと参加者との間にはこのような"相互依存関係"がある。

協働システムとしての産業組織

協働システムの最優先事項は"協働目的の達成"である。しかし、それは参加者が貢献してくれてはじめて実現する。このため協働システムでは、"協働目的の達成"と"個人目的への寄与"の2つが重要課題となる。これらは協働システムにおける車の両輪のようなものである。できれば、この両者は以下のようにうまく循環していることが望ましい。

①**協働目的の達成**：参加者の貢献を有効に活用して、協働目的を可能な限り高度に達成し成果を得る。

②**個人目的への寄与**：得られた成果を参加者に分配して、可能な限り参加者の個人目的の達成に寄与し貢献意欲を高める。

本章のキーワードである組織（organization）とは、この2つの課題に"意識的"に取り組んでいる協働システムのことを言う。この観点からすれば、産業組織（industrial organization）とは、「経済的効用の生産という協働目的の達成と組織メンバーの個人目的への寄与との両立・好循環を意識的に調整している協働システムである」と定義づけられよう。

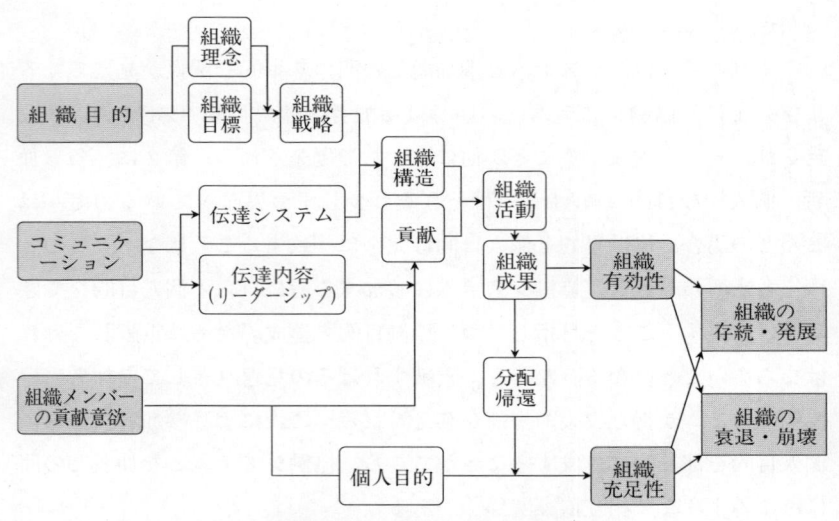

図 2-1　産業組織における諸要素間の相互関係

　では以下に、産業組織の中で展開される諸要素間のダイナミズムについて見ていこう。これにより組織運用の大枠が理解されるであろう。
　現代組織論の祖といわれる Barnard (1938) によれば、組織の主要素は、①組織目的（上記で言うところの協働目的）、②コミュニケーション、③組織メンバーの貢献意欲の3要素である。産業組織もこれら3要素を基盤として、他の多くの要素間の密接な相互関係により成り立っている。その全体像を森本 (1998) にならって図 2-1 に示す。なお、産業組織も協働システムであるから、既述のように"組織目的の達成"と"個人目的への寄与"の2つが重要課題となる。前者の達成度は組織有効性（organizational effectiveness）と呼ばれ、後者の達成度は組織充足性（organizational efficiency）と呼ばれる。産業組織が存続するためには、これら双方をできるだけ高く維持する必要がある。そのため、組織を構成する全ての要素は以下のような様々な形でこれら2つの達成度に結びついている。
　まず第1の主要素である組織目的（organizational purpose）は、産業組

織が実現しようとする"望ましい到達状態"を示すものである。これは、組織理念（organizational creed or philosophy）と組織目標（organizational goal）から構成される。このうち組織理念は上記の"望ましい"という部分、つまり組織目的の価値的側面を表明するものである。例えば、東京電力㈱では、「エネルギーの最適サービスを通じて、豊かな生活と快適な環境の実現に貢献する（2004年3月現在）」という組織理念（経営理念）が掲げられている。他方、組織目標は上記の"到達状態"という部分、すなわち組織目的の事実的側面を表明するものである。したがって、それは具体的かつ客観的であるほうが良く、可能な限り数値的に表示することが望ましい（例えば、利益率○％を目標とするなど）。

　組織目的が確定したならば、次はその目的を達成するための作戦を練らねばならない。これを組織戦略（organizational strategy）という。通常、組織戦略は、①目的達成の分野（どのような分野で目的を達成するか）、②目的達成の方法（どのような方法で目的を達成するか）、③資源の調達と割り当て（そのために必要になるヒト、モノ、カネなどの諸資源をどのように調達し割り当てるか）の3つの事項にわたって策定される。

　組織戦略をうまく実行に移すためには、それに適した役割分担（職務分担）の仕組みが必要である。この仕組みを組織構造（organizational structure）という。組織構造は、分業システム（division of labor system）と伝達システム（communication system）とを合成したものである。前者は組織内の全ての職務内容を体系づける仕組みであり、後者は各職務の遂行と職務間の連携をスムーズにするための仕組みである。なお、この伝達システムは上記第2の主要素であるコミュニケーション（communication）の1側面であり、そこには正確性と敏速性が要求される。

　これで、おおよそ組織目的達成のための前提条件は整った。あとは個々の組織メンバーが自らに割り当てられた職務を忠実に遂行してくれさえすればよい。つまり、貢献（contribution）してくれれば良いわけである。ここで重要になってくるのが、第3の主要素である貢献意欲（willingness to serve）である。メンバーの貢献意欲が喚起されなければ、当然のごとく貢献は見込めない。

この貢献意欲や貢献に密接にかかわっているのが伝達内容（contents of communication）である。伝達内容は次の2つの機能をもっている。その第1は"貢献意欲を高める機能"であり、第2は"貢献精度を高める機能"である。例えば、前者に関して言えば、命令、指示、鼓舞、激励などの伝達内容はメンバーの貢献意欲を高め得る。また、後者に関して言えば、組織目的、各メンバーの役割（職務内容）、職務遂行の方法・手段・時間・手続きなどの伝達内容はメンバーのなすべきことを明確化するため、貢献精度を向上させる。なお、このような伝達内容は上記コミュニケーションのもう1つの側面であり、そこには的確性と適時性が要求される。通常、これら2タイプの伝達内容は、組織内の下位組織である作業集団の管理者や責任者（部長、課長、班長など）を通して各メンバーに伝えられる。これは、機能的に見ればリーダーシップ（leadership）である。なお、リーダーシップの詳細については後述する。

整えられた組織構造内においてメンバーが貢献を始めると、組織全体が動きだす。これを組織活動（organizational activity）という。組織活動は良くも悪くも一定の結果を生む。このような結果の総体は組織成果（organizational performance）と呼ばれ、その大きさを組織目的と対比すれば組織目的の達成度が判定できる。つまり、組織成果は本項の冒頭で示した"組織有効性"に直接的に結びつくことになる。もちろん、組織有効性は高いほど望ましく、高い有効性は組織を発展させ存続を可能にする。それに対し、低い有効性は組織を衰退に向かわせ、極端な場合には倒産や解散にさえ追い込む。

得られた組織成果の一部は、貢献の見返りとして各メンバーに人為的に分け与えられる。これを分配（distribution）という。賃金や配当などはその例である。残りの部分はメンバーに対して自然に流れていく。これを帰還（natural feedback）と呼ぶ。業績の高い会社に勤務している個人が周囲

から望ましい評価を受けることなどはその例である。このような分配や帰還を受けたメンバーは、その質や量を自らの個人目的と対比して個人目的の達成度を判定する。すなわち、組織成果は分配や帰還を通して、同じく本項の冒頭で示した"組織充足性"に結びつくことになる。もちろん、組織充足性も高いほど好ましい。高い充足性はメンバーのさらなる貢献意欲を生み出すため、組織を発展させ存続を可能にする。逆に、低い充足性はメンバーの貢献意欲を減退させるため、それが怠業や離職に結びつくことも少なくない。この傾向が強まってくると組織は成り立たなくなる。

以上のように、組織の構成要素は相互に密接に関連している。そして、これらの1つひとつが最終的に"組織有効性"と"組織充足性"に結びつき、組織の存亡を決定しているのである。

> **コラム：組織に忠実であることはよいことか？**
>
> 組織にとって望ましいメンバー像とはどのようなものであろうか。それは一言で言えば、"組織に忠実なメンバー"である。具体的には、「組織への帰属意識が高く、組織の一員であることに誇りをもっており、組織の目標や戦略を十分に受け入れ、組織に貢献すべく自らに課された仕事を忠実に遂行するようなメンバー」である。このようなメンバーが多い組織は業績が高く、メンバーの欠勤や怠業も少ないことが知られている。
>
> では、"組織に忠実なメンバー"にとってはどうなのか。たしかに、組織はこの種のメンバーを大切にする。賃金や昇進といった面で優遇される場合も多い（実体的報酬）。そして何よりも、この種のメンバーは自分が忠誠を誓っている組織の一員であること自体に喜びを感じ得る（心理的報酬）。このように見ると、組織に忠実であることの個人的利点は多々ある。しかし、"良いこと"ばかりではない。例えば、組織のために働きすぎて過労死する人もいる。家庭を顧みなかったために家族から見放される人もいる。さらには、組織の存続や利益追求のために違法行為にまで手を染めてしまう人もいる。組織に忠実であるメンバーほど、組織の命令には逆らえない。
>
> 本来的に、組織はきわめて両面価値的な存在である。組織が個人をどう扱うか、個人が組織とどうかかわるかによって、人は幸せにも不幸にもなる。このような現実をふまえるならば、我々は（自分のためにも）、組織と個人

が良好な関係を築くにはどうしたら良いかを真剣に考えておいたほうが良いであろう。

II　モチベーション（メンバーはどうしたらやる気が出るの）

　前節で述べた通り、組織はその存続のためにメンバーの貢献意欲を高めるよう努めねばならない。しかし、この問題にはこれまで多くの管理者や責任者が頭を悩まされてきた。というのは、既述のような"成果の分配"や"伝達内容（リーダーシップ）"だけではメンバーの貢献意欲が十分に高まらない場合があるためである。では、あと何が必要なのか。本節では、従来のモチベーション（動機づけ）に関する研究成果を参照しつつ、この問題を解決するための方途を探っていきたい。

モチベーションに関する理論

　モチベーション（motivation）に関する理論は、大きく2つのタイプに分類される。その1つは、人を行動に駆り立てる原動力（その内容）に着目するもので"内容理論"と呼ばれる。もう1つは、人が行動に駆り立てられるいきさつ（その過程）に焦点を当てるもので"過程理論"と呼ばれる。これら2つの枠組みを用いれば、メンバーの貢献意欲を高める上でのヒントが得られそうである。

内容理論

　内容理論は、人を行動に駆り立てる原動力を本人の欲求（need）に置き、その種類を体系づけるものである。例えば、Murray（1938）の動因理論、Maslow（1954）の欲求階層説、McClelland（1961）の達成動機理論、Alderfer（1972）のERG理論などがその範疇に含まれる。これら諸理論を参照すれば、メンバーが貢献するに当たって何を欲しているのか、つまり

前節でいうところの"メンバーの個人目的"の内容が見えてくる。以下では、Alderfer（1972）の ERG 理論について紹介する。

この理論では、人の様々な欲求を次の3つに集約している。

①**生存欲求**（E：existence）：生理的な欲求（食欲、睡眠欲、排泄欲など）および物質的な欲求（賃金、手当、労働環境など）。

②**関係欲求**（R：relatedness）：自分にとって重要な人々（家族、友人、上司、同僚、部下、取引先の担当者など）と良好な人間関係を保ちたい、またそれらの人々から高く評価されたいという欲求。

③**成長欲求**（G：growth）：自律的に行動したい、自分の持つ様々な可能性を試したい、優れた人間になれるよう知識や技能を高めたい、そして、自分の潜在能力を最大限に発揮したいという欲求。

通常、メンバーは組織への貢献に当たって、これらの欲求（個人目的）を複合的に持っている。したがって、メンバーの貢献意欲を高めようとするならば、まず各メンバーの欲求は多様で複雑であるという認識に立ち、その中身をできるだけ的確に把握すると共に、組織としてはより多くのメンバーの欲求が充足されるよう配慮せねばならない。「生活ができる程度の給料を支払い、叱咤激励すればそれで良い」などという安易な考えは捨て去ることである。

しかしその一方で、全てのメンバーのあらゆる欲求に組織が応じることは現実的には無理であり、そもそもそれを実現しようとするならば組織経営は成り立たなくなる。では、どうすればよいのか。

Herzberg（1966）は、ピッツバーグの会計士と技師を対象とした調査において、メンバーの"満足に影響する職務要因"と"不満に影響する職務要因"は異質なものであることを見いだした。そして、前者を動機づけ要因（motivator）と呼び、後者を衛生要因（hygiene factor）と呼んだ。彼によれば、動機づけ要因（達成、承認、仕事そのもの、責任、昇進）は、メンバーの満足感を高めると共に貢献意欲の向上をもたらす。他方、衛生要因（会社の政策・経営、監督技術、給与、対人関係、作業条件）は、メンバーの不満

の解消には役立つが、貢献意欲を引き出す効果は持っていないという。興味深いことに、ここで見いだされた動機づけ要因の内容を見てみると、いずれも仕事に直接関連する職務要因であることが分かる。これらは、まさに上記 ERG 理論における"成長欲求（G）"を充足させるものである。他方、衛生要因は仕事以外の職務要因であり、これらは ERG 理論における"生存欲求（E）"と"関係欲求（R）"を充足させるものである。このような研究知見を参考にするならば、組織としては特にメンバーの成長欲求（G）に着目すべきであろう。そして、これを充足させるために"仕事に直接関連する職務要因（動機づけ要因）"を組織的に整備したほうがよい。では、その方法を以下に示そう。

　技術面と人間面を調和させながらメンバーの職務内容を定め、作業の条件や環境を組織化することを職務設計（job design）と言う。そのうち、ここでは「メンバーの成長欲求（G）を刺激するよう職務を設計し、仕事そのものにやりがいをもたせること」を目的とした職務拡大（job enlargement）と職務充実（job enrichment）について紹介しよう。

　職務拡大とは、職務を構成する単位作業の種類を増やすこと（1人の人に様々な仕事を担当させること）である。これにより、次のような効果がもたらされる。

①**単調感の緩和**：単位作業の種類が増加すれば、同一作業を繰り返す回数が減少すると共に仕事に変化がもたらされるため、単調感が緩和される。

②**多能力の習得**：数種類の単位作業が合成された職務を遂行することにより、多種多様な知識や技能が身につく。

　他方、職務充実とは、これまで管理者の職務内容とされてきた仕事の一部を一般のメンバーに与え、メンバーの自主裁量範囲を拡張することである（図2-2）。職務拡大が"水平的仕事拡張"であるのに対して、職務充実は"垂直的仕事拡張"であると言える。内容的には、仕事の目標、方法、日程、ペース、手続きなどについて決定する権限を与えると共に、業績の

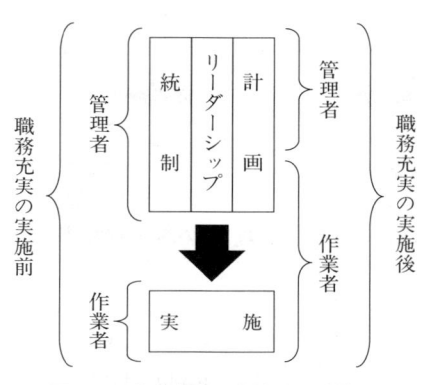

図2-2　職務充実の実施前と実施後

統制と評価を行わせることが骨子となる。その際、管理者はメンバーの自主的な計画と自己統制を支援し、指導し、調整するという役割を担うことになる。このように、職務充実は一般メンバーにも一定の責任を付与する。そのため、メンバーは自然と自己啓発に努めるようになるし、自らの努力で目標を達成したならば相当の達成感を味わうことができるだろう。

　これら2つの職務設計法は、組織の究極の課題である"組織目的と個人目的との統合"を実現する可能性を秘めている。なぜならば、メンバーが貢献する際の個人目的の主要部分が"仕事そのもの"になれば、それはそのまま組織目的につながっていくからである。メンバーにとっても、仕事はおもしろいに越したことはない。

過程理論

　過程理論は、人が行動に駆り立てられる"いきさつ"を体系づけるものである。中でも、Adams (1965) の衡平理論、Locke (1968) の目標設定理論、Vroom (1964) や Lawler (1971) の期待理論などは、特に人の認知 (cognition) のいきさつに着目している。これらを参照すれば、メンバーが貢献に先だって、あるいは貢献途中に"何をどのように考えるのか (思考過程)"がよく分かる。時として、メンバーは欲するもの（個人目的）

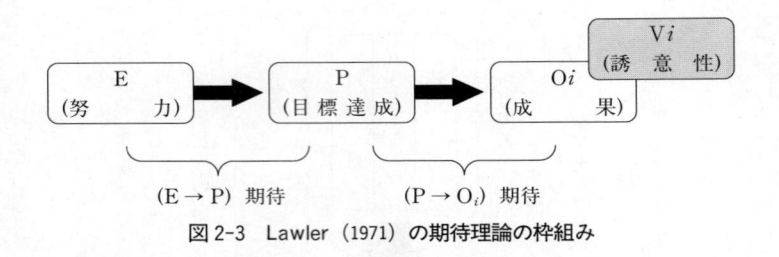

```
     E             P              Oi      Vi
   (努力)  →   (目標達成)  →   (成果)   (誘意性)
         └──────┘       └──────┘
        (E→P) 期待       (P→Oi) 期待
```

図 2-3　Lawler (1971) の期待理論の枠組み

があったとしても、組織への貢献に駆り立てられない場合がある。それはどのような場合なのか。以下では、Lawler (1971) の期待理論について紹介する（図 2-3）。

この理論では、メンバーを貢献に駆り立てる力（F：force）、すなわち貢献意欲を次のように定式化している。

$$貢献意欲(F) = (E \to P)期待 \times \Sigma\{(P \to O_i)期待 \times 誘意性(V_i)\}$$

① **(E→P) 期待**：自分が努力（E：effort）すれば、どのくらいの見込み（主観的確率）で、組織から課せられた業績目標を達成すること（P：performance）ができるのか。ここで投入される数値は、0（全く見込みがない）から 1（100％見込みがある）までの値をとる。

② **(P→O_i) 期待**：課せられた業績目標を達成すること（P：performance）ができれば、どのような成果（O：outcome）がどのくらいの見込み（主観的確率）でもたらされるのか。ここでいう成果は、「有形の成果（昇給など）/無形の成果（達成感など）」および「正の価値を持つ成果（自分にとって好ましい成果：昇給や達成感など）/負の価値を持つ成果（自分にとって好ましくない成果：疲労や同僚からのねたみなど）」のあらゆる成果を含む。なお、成果が複数である場合はそれぞれの成果ごとに、0（全く見込みがない）から 1（100％見込みがある）までの値をとる。

③ **誘意性（V_i）**：実際に成果（O：outcome）がもたらされると仮定して、

その成果は自分にとってどのくらい魅力的（V：valence）なのか。ここでは成果の価値の方向性（正なのか負なのか）が問題となる。なお、成果が複数である場合はそれぞれの成果ごとに、-1（きわめて好ましくない）から1（きわめて好ましい）までの値をとる。

以上を要約すると、「自分が貢献すれば組織から課せられた業績目標を十分に達成することができると感じられ、かつ業績目標を達成すれば魅力的な成果が得られると予想される限りにおいてメンバーの貢献意欲は高まる」ということになる。なお、上式が示しているように、（E → P）期待、（P → O_i）期待、誘意性（V_i）のいずれかが0であれば貢献意欲が喚起されることはなく、また正の価値を持つ成果よりも負の価値を持つ成果（誘意性Vが負の値になるもの）が多くもたらされると見込まれる場合には、逆に貢献を避けたいような気持ちになることが理解されよう。このような場合、仮にメンバーは欲するもの（個人目的）があったとしても組織への貢献には駆り立てられない。では、本理論に基づいてメンバーの貢献意欲を高めるための方策を考えてみよう。

まず第1に、「自分が貢献すれば組織から課せられた業績目標を達成することができる（つまり、やればできる）」という自信をメンバーに持たせることが必要である。そのためには、教育・訓練を通してメンバーの知識や技能の向上を図ると共に、各メンバーに対してはそれぞれの能力に応じた業績目標を課すようにしたほうが良い。これにより、メンバーの（E → P）期待は高まる。なお、部署内の各メンバーに対して一律の業績目標を課す産業組織もあるが、それには賛成しかねる。

第2に、「課せられた業績目標を達成することができれば、誘意性の高い成果が得られる」という確信をメンバーに抱かせねばならない。そのためには、まずメンバーが魅力的だと考えている成果を組織が用意しつつ（詳しくは、内容理論の項を参照）、他方で負の価値を持つ成果がメンバーにもたらされることのないよう十分配慮せねばならない。これにより、成果に対する誘意性（V_i）が高まる。次に、業績を達成すれば必ずそのような

成果が得られるという見込みを持ってもらわねばならない。そのためには、成果を与える際の明白で公正な基準を作り、それを制度化することが必要である。これにより、メンバーの $(P \to O_i)$ 期待は高まる。なお、成果分配の基準を逸脱するような分配は決してあってはならない。1度でもそのようなことがあれば、その後、メンバーは $(P \to O_i)$ 期待を持てなくなってしまうだろう。

III　リーダーシップ（メンバーをどのように統率するの）

　通常、産業組織は複数の作業集団（総務部、企画部、製造部、営業部など）から成り立っている。そして、各作業集団はそれぞれ固有の集団目標を持っている。これは、ほとんどの産業組織において採用されている分業システムの形態であり、作業集団レベルでの目標達成の集積が組織全体レベルでの目標達成につながるという仕組みになっている。ここで重要になってくるのが、集団目標の達成に向けて作業集団内のメンバーを統率するという役割である。本節では、従来のリーダーシップに関する研究成果を参照しつつ、その種の役割について考察してみたい。

リーダーシップに関する従来の研究アプローチ

　集団目標の達成に向けて特定の個人が集団の活動に影響を及ぼす過程をリーダーシップ（leadership）と呼び、その中で、他のメンバーに比べて相対的に影響力が強く中心的な働きをしている個人をリーダー（leader）と呼ぶ。従来、リーダーシップに関しては、主に次のような3つの研究アプローチがとられてきた。第1のそれは、リーダーとされる人物の資質や特徴を明らかにしようとするもので"特性論的アプローチ"と呼ばれる。第2のそれは、リーダーのどのような行動が集団目標の達成において効果的であるのかを追究するもので"行動論的アプローチ"と呼ばれる。第3のそれは、集団内のいくつかの状況を考慮し、各々の状況に適した効果的

なリーダー行動の在り方を探るもので"状況論的アプローチ"と呼ばれる。では以下に、これら3つの研究アプローチの具体的内容について見ていこう。

特性論的アプローチ

　リーダーとなる人には、そもそもリーダーの素質のようなものがあるのだろうか。当初、リーダーシップに関する研究はこのような疑問から始まった。そして、リーダーの特性をリーダーでないメンバーと対比して明らかにしようとする研究が盛んに行われた。この種の研究を総称して特性論的アプローチと呼んでいる。

　本アプローチにより、いくぶん共通して得られたリーダーの特性は次のようなものである（Stogdill, 1948）。

　①**能力**：知能、機敏さ、表現力、判断力、創造性
　②**素養**：学識、経験、体力
　③**責任性**：信頼性、率先力、持続性、自信、優越欲
　④**参加**：活動性、社交性、協調性、適応性、ユーモア
　⑤**地位**：社会経済的地位、人気

　しかしながら、集団の目標や状況の違いによってリーダーに求められる特性や技能が大いに異なることから、この種の研究で得られた結果を一般化することはなかなか難しいようである。

行動論的アプローチ

　リーダーの特性ではなく行動に着目するのが行動論的アプローチである。そこでは、おおむね共通して、リーダーの行動は大きく2種類に分類されることが見いだされている（Halpin & Winer, 1957；Blake & Mouton, 1964；三隅, 1978）。その1つは"仕事志向行動"と呼べるもので、「指示する」「命令する」「アドバイスを与える」など集団目標の達成に向けてメンバーの課題遂行を促進させるための行動である。もう1つは"人間志向行動"と

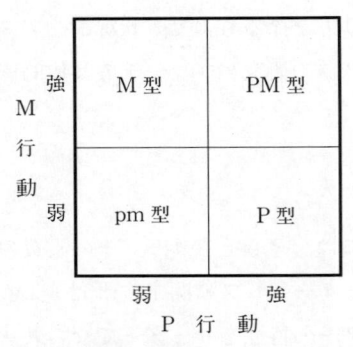

```
          強  ┌─────┬─────┐
     M      │ M型  │ PM型 │
     行     ├─────┼─────┤
     動 弱  │ pm型 │ P型  │
          └─────┴─────┘
             弱      強
               P 行 動
```

図2-4　PM理論におけるリーダーの4タイプ

呼べるもので、「励ます」「勇気づける」「気まずい雰囲気をほぐす」などメンバーの情緒安定や集団内の円滑な人間関係を維持するための行動である。従来の研究によれば、これら2種類の行動を両立できるリーダーこそが集団に対して最も良い効果をもたらすのだという。以下では、三隅(1978) のPM理論について紹介する。

この理論では、リーダーの行動をP行動（P：performance）とM行動（M：maintenance）に分類している。前者は仕事志向行動に相当し、後者は人間志向行動に相当する。この2種類の行動をそれぞれの強弱で組み合わせると、リーダーはその行動的側面から次の4タイプに区分される（図2-4）。

①PM型：仕事には厳しいが人間味もあるタイプ
②P型：仕事に厳しいだけのタイプ
③M型：人間味があるだけのタイプ
④pm型：そのいずれもないタイプ

三隅は、様々な集団や組織体（産業組織体、官庁組織体、学級集団、家族集団、スポーツ集団など）を対象として膨大な調査を行い、4つの行動タイプが集団にもたらす影響について詳細に検討している。その結果、"生産性""貢献意欲""コミュニケーション""精神衛生"など諸種の指標値は、PM型

リーダーである場合に最も高く、pm型リーダーである場合に最も低いことが一貫して見いだされた。つまり、仕事には厳しいが人間味もあるタイプが優れたリーダーだということになる。他方、P型とM型については、短期的にはP型のほうが、長期的にはM型のほうが効果的であることが確認されている。これは、P行動がメンバーの貢献意欲を高める一方で（プラス効果）、同時にストレスをも与えてしまう（マイナス効果）という2面性をあわせ持つためだと考えられている。リーダーのP行動によりメンバーは無理をしてでもがんばるが、それはあくまでも一時的なもので長続きはしないのである。

　ただし、このようなP行動のマイナス効果を防ぐことは可能である。Suganuma & Ura (2001) は、課題に対する能力 (competence) とモチベーション (motivation) のいずれもが高いリーダーであれば、たとえP行動を行ったとしても、メンバーのストレスは高まることなく課題遂行が促進されることを実験的に確認した。これは、有能でかつ自ら率先して仕事をするようなリーダーであれば、P行動のプラス効果のみが現れることを示している。逆にいえば、仕事もできなければやる気もないようなリーダーから「ああしろ、こうしろ（P行動）」と言われても、メンバーはストレスがかかるだけなのである。

状況論的アプローチ

　行動論的アプローチでは、リーダーは2種類の行動（仕事志向行動および人間志向行動）を積極的に行うべきだとの主張がなされた。しかし、それはいかなる状況においても妥当するのであろうか。このような視点から、集団状況とリーダー行動との適合関係に着目するのが状況論的アプローチである。そこでは、いくつかの状況要因が考慮されている。例えば、Fiedler (1967) では「リーダーとメンバーとの関係性」「課題の構造化レベル」「リーダーの地位的勢力」、House (1971) では「メンバーの能力と自信」「課題の構造化レベル」「メンバーの認知」、Hersey & Blanchard

(1972) では「メンバーの成熟度」がそれぞれ考慮されている。これら諸研究によれば、どうやら上記2種類のリーダー行動は常に効果的なわけではないようである。以下では、Hersey & Blanchard (1972) のSL理論について紹介する。

この理論は、行動論的アプローチで見いだされてきた2種類のリーダー行動（仕事志向行動/人間志向行動）とメンバーの成熟度（maturity）との適合関係について示すものである。ここでいう成熟度とは、「高い目標を達成しようとする姿勢、責任負担の意思と能力、および遂行すべき職務に関する教育と経験の程度」を合成したものである。本理論によれば、メンバーの成熟度が低い状態から中程度に達するまでは、リーダーは仕事志向行動を高いレベルから徐々に減少させていきながら、一方で人間志向行動を低いレベルから徐々に増加させていくことが望ましい。他方、メンバーの成熟度が中程度から高い状態に至るまでは、仕事志向行動と人間志向行動を共に減少させていくことが望ましいという。

では、メンバーの成熟度を4段階（低いほうから、M1→M2→M3→M4）に分け、それぞれの段階において効果的だとされるリーダー行動の在り方を具体的に見ていこう（図2-5）。なお、本図におけるグレーの線は、メンバーの成熟度の各段階において行うべき仕事志向行動と人間志向行動の効果的な配分関係を示している。

① **M1段階**：メンバーの成熟度が低い段階（M1）では、リーダーは人間志向行動を控えて仕事志向行動に専念すべく、指示や命令を積極的に行うのが効果的である。これはPM理論でいうところのP型に相当する。本理論では"教示的リーダーシップ"と呼ばれる。

② **M2段階**：M1段階と比較するとメンバーの成熟度は高いが、いまだ平均を下回る段階（M2）では、リーダーは仕事志向行動と人間志向行動の両方を積極的に行うのが効果的である。これはPM理論でいうところのPM型に相当する。本理論では"説得的リーダーシップ"と呼ばれる。

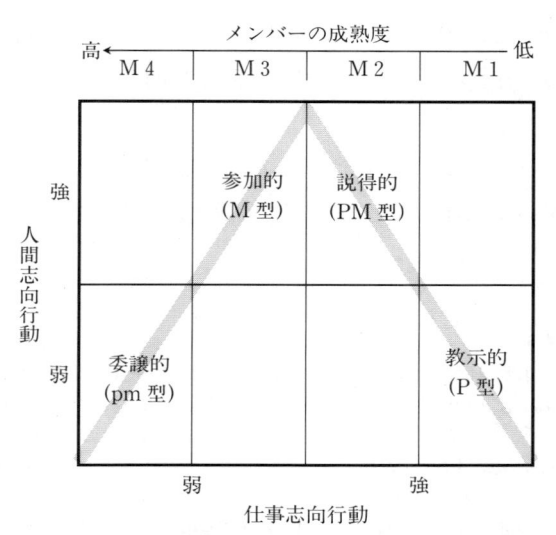

図2-5　メンバーの成熟度に応じた効果的なリーダー行動

③ **M3段階**：メンバーの成熟度が平均を上回る段階（M3）では、リーダーは仕事志向行動を控えて人間志向行動に専念すべく、メンバーを思いやると共に集団内の人間関係に配慮するのが効果的である。これはPM理論でいうところのM型に相当する。本理論では"参加的リーダーシップ"と呼ばれる。

④ **M4段階**：メンバーの成熟度が高い段階（M4）では、リーダーは仕事志向行動と人間志向行動の両方を控えて、メンバーの主体性を尊重するのが効果的である。これはPM理論でいうところのpm型に相当する。本理論では"委譲的リーダーシップ"と呼ばれる。

この理論に基づくならば、行動論的アプローチにおいて効果的だとされてきたPM型リーダー（仕事志向行動と人間志向行動の両方を積極的に行うリーダー）は、メンバーの成熟度が中程度以下（M2段階）の場合にのみ有効だということになる。例えば、メンバーの成熟度が非常に高い場合（M4段階）などでは、逆にリーダーはあまり介入しないほうが効果的なのであ

る。以上のような状況論的アプローチは、柔軟なリーダー行動（集団状況に応じてリーダー行動を使い分けること）の重要性を指摘している点で非常に興味深い。

　なお、リーダーシップについては、II 部「事例 2　リーダーシップの事例」の項において具体的な事例を基に解説を加えている。そちらも参照されたい。

引用文献

Adams, J. S. 1965 Inequity in social exchange. In L. Berkowitz (Ed.), *Advances in Experimental Social Psychology* (Vol.2, pp.267-299). Academic Press.

Alderfer, C. P. 1972 *Existence, relatedness, and growth*：*Human needs in organizational settings*. Free Press.

安藤瑞夫訳『給与と組織効率』ダイヤモンド社、1972 年（Lawler, E. E. 1971 *Pay and organizational effectiveness*：*A psychological view*. McGraw-Hill.）

Halpin, A. W. & Winer, B. J. 1957 A factorial study of the leader behavior description. In R. M. Stogdill & A. E. Coons (Eds.), *Leader behavior*：*Its description and measurement*. Bureau of Business Research, Ohio State University.

林保監訳『達成動機』産業能率短期大学出版部、1971 年（McClelland, D. C. 1961 *The achieving society*. Van Nostrand.）

House, R. J. 1971 A path-goal theory of leader effectiveness. *Administrative Science Quarterly*, 16, 321-338.

北野利信訳『仕事と人間性』東洋経済新報社、1968 年（Herzberg, F. 1966 *Work and the nature of man*. World Publishing.）

Locke, E. A. 1968 Toward a theory of task motivation and incentives. *Organizational Behavior and Human Performance*, 3, 157-189.

松井賚夫監訳『管理者のための行動科学入門』日本生産性本部、1974 年（Hersey, P. & Blanchard, K. H. 1972 *Management of organizational behavior* (2nd ed.). Prentice-Hall.）

三隅二不二『リーダーシップ行動の科学』有斐閣、1978 年

森本三男『現代経営組織論』学分社、1998 年

小口忠彦監訳『人間性の心理学』産業能率短期大学出版部、1971 年（Maslow, A. H. 1954 *Motivation and personality*. Harper & Row.）

坂下昭宣・榊原清則・小松陽一・城戸康彰訳『仕事とモチベーション』千倉書房、1982 年（Vroom, V. H. 1964 *Work and motivation*. John Wiley & Sons.）

外林大作監訳『パーソナリティ（I・II）』誠信書房、1962 年（Murray, H. A. 1938

Explorations in personality. Oxford University Press.)

Stogdill, R. M. 1948 Personal factors associated with leadership. *Journal of Psychology*, 25, 35-71.

Suganuma, T. & Ura, M. 2001 An integrative approach to leadership and social support. *Asian Journal of Social Psychology*, 4, 147-161.

上野一郎監訳『期待される管理者像』産業能率短期大学出版部、1965 年（Blake, R. R. & Mouton, J. S. 1964 *The managerial grid.* Gulf Publishing.）

山田雄一監訳『新しい管理者像の探求』産業能率短期大学出版部、1970 年（Fiedler, F. E. 1967 *A theory of leadership effectiveness.* McGraw-Hill.）

山本安次郎・田杉競・飯野春樹訳『経営者の役割』ダイヤモンド社、1968 年（Barnard, C. I. 1938 *The functions of the executive.* Harvard University Press.）

3章

人を扱う仕組みとのかかわり

　今日本は、外的要因の影響を受けた高度成長から安定成長へ、経済のグローバル化、IT技術の浸透といった社会の構造変化の真っ只中にいる。日本企業の雇用の形態もこの変化に大きく影響を受けている。年功序列から能力主義・成果主義への転換、非正規社員比率の拡大、労働力の流動化、価値観の多様化に伴う、働く人々の意識の変化といったことが、企業における労務管理の在り方を大きく変えようとしている。

　これまでの日本企業で常識とされていた年功序列から能力主義・成果主義への移行は、世界一を誇った製造現場の労働生産性に比べて、大幅に見劣りする管理部門、サービス分野の労働生産性が経済のグローバル化の流れの中で是正されようとする動きである。

　この能力主義・成果主義への移行は、人材の流動化を促すことにつながっていく。最近の大卒新入社員に対する調査によると、入社した企業に定年まで勤めたいと答える社員は30％以下にまで低下している。

　また、これまでの正社員中心の雇用からパートタイマー、契約社員、派遣社員といった非正規社員の比率が高まり、職場の中に様々な雇用形態の社員が混在する状況が常態化してきている。すでに全被雇用者の30％以上をこれら非正規社員が占め、サービス業では社員の80％以上がこれらで占められている。さらに、これら非正規社員の位置づけも大きく変化し、パートタイマーを売り場主任・店長などの管理職に登用するといった人事も行われ、パートタイマーは定型的・補助的な業務をするというこれまでの常識はくつがえされつつある。

さらに社会が成熟化するにつれ、働く人々の意識が多様化している。「より高い給料、より高い地位を」という志向を持つ社員の比率が減少し、「専門性志向」、「創造性志向」、「独立志向」「安定志向」といった多様な価値観を持つ社員の比率が着実に増加している。

　この結果、採用、社員教育、人事考課といった企業の人にかかわる業務に大変革が起こりつつある。この変化は、日本の企業風土の中に根強く存在した非科学的・前近代的な慣習が崩れ、経済的な合理性を追求する方向への変化とも言え、これまで日本企業において必ずしも十分に活用されてこなかった科学としての心理学の存在価値が見直される条件が整いつつあるとも言える。本章ではこういった企業の変化をふまえながら「人を扱う仕組み」と心理学のかかわりを述べていく。

I　採　　用（誰をどうやって採用するの）

　産業心理学の誕生の頃より「いかにより良い人材を獲得するか」は、最大のテーマとなっていた。「企業は人なり」という言葉があるように、組織の生み出す成果はその構成員の能力に大きく依存する。

　社員の採用は、採用計画の策定、募集、採用選考の順に進められる。組織内の各部署で今後数年間の業務の展開を見据え人員がどれだけ不足するかを算出し、現時点でどのような人材をどれだけ、どのような雇用形態で採用すべきかを決定するのが採用計画の作成である。この前提としては、組織内の業務の職務分析が不可欠となる。各部署の業務をリストアップしそれぞれの業務を行う社員に必要な能力を洗い出すことが職務分析である。

　終身雇用が常態であった日本の企業では、技術系・事務系程度のおおざっぱなくくりで採用し、採用後の長い時間の中で社員の特性を見いだし教育訓練をしながらその特性に合致した職務につかせるといったシステムをとってきた。しかし、20歳台の離職率が年間20％を超えるといった現象に見られるように、終身雇用の体制が崩れつつある今、できるだけ少ない

時間で新人を戦力化する必要がでてきている。そのためには、それぞれの業務に短い時間で適応できる人材を採用時点で的確に見つけ出すことが重要となっている。

募　集

　従来は、新卒の採用ならば対象とする学校を通じての募集、中途採用であるならば職業安定所・新聞・就職情報誌などを通じての募集が一般的であったが、近年インターネットを活用した募集が急速に普及している。インターネット経由での募集は従来の方法とは異なり、物理的な制約を受けないという利点がある。

　最近、新規採用後の離職率の高さが問題になっている。これは働く側にとってはキャリア蓄積のための時間のロス、企業にとっては、採用・教育コストのロスとなる。彼らの離職理由の第1位は、「仕事が自分の期待していたものと異なっていた」というものである。これを解消するためには、業務の内容を正しく理解させることが重要となるが、インターネットを使うことによってより企業の情報、仕事の内容についての情報をより詳細に応募者に提供することが可能となる。また、その即応性を活用し応募者からの問い合わせに対応して即座に情報を追加するといったことも可能となる。

　また、全世界に広がるインターネットの特性を利用して、募集の範囲を全国あるいは場合によっては全世界に広げることも可能である。海外在住の日本人留学生を対象とした募集なども容易に行うことができる。

　さらに、インターネットの双方向性を活用し、募集に伴う書類を電子化したり、採用選考の一部をインターネット上で行う試みも行われている。インターネットを通じて募集を行い、IT技術を使いこなせなければ募集情報すら入手できないという状況を作り上げ、企業人としては必須であるIT技術を使いこなす能力を確認する効果も期待されている。事実、従来の募集方法を全て廃止し、インターネット経由でのみ募集を行う企業も増

加している。

採用選考

自社に適した良い人材を選びだすことができるかどうかは、企業にとってその業績をも左右する。そういった採用業務の流れの中で採用選考は非常に重要な業務である。一般に、採用選考は、書類選考、能力試験（筆記試験）、適性検査、面接の順で行われる。

書類選考

書類選考は、履歴書・成績証明書などで応募者が採用条件に合致しているかどうかを確認すると共に、多数の応募者の中から採用候補者を絞り込むために行われる。最近では、これに加え志望動機、職業観、将来へのビジョン、学生時代に行った活動などについてのレポートを提出させ仕事への意欲、適合性をこの段階で見極めようという試みも行われている。

能力検査

能力試験（筆記試験）では、一般教養、語学、専門知識等の筆記試験が行われる。ここでは職務に必要な能力を持つかどうかの判定を行う。この判定を的確に行うためには、採用後に配属を予定している業務について、どのような能力が必要かについての職務分析がきちんと行われていなくてはならない。どのような能力が必要であるかが不明瞭なままでは業務に適合している人材かどうかを正確に判定することはできない。これまで日本の企業ではこれを行わないまま単純に総合成績の高いものから選抜をするといったことがしばしば行われてきた。その結果が職務と採用した人材とのミスマッチが生じ、最近の離職率の高さの原因となってきている。

適性検査

産業心理学では、古くから個々の職務に必要な資質は何かという観点か

らの研究が行われ、その資質の有無を判定する手段として様々な適性検査が作られてきた。

多くの企業においても採用選考の手段として適性検査が実施されてきた。一般に性格検査が多く用いられるが、日本の企業におけるこれまでの使い方を見ると、採用してから会社のカラーに染めやすいという意味で無難な人材を選び出す、逆の言い方をすると個性が強すぎる者を排除するといった消極的な使い方がなされてきた傾向が強い。現在主流となりつつある個々の職務に合致した人材確保という流れを考えた場合、それぞれの職務に適した人材を見つけ出すための積極的な利用を考える必要がある。適性検査は、後述の人事配置を考える際にも有効な手法として用いることが可能である。

面　　接

面接は、採用選考の流れの中で、企業側が直接応募者を観察することができる最後の機会である。面接は、応募者との会話を通じて応募者の仕事への意欲の有無、考え方、態度、職務への適合性、組織への順応性等を直接観察するものである。また、口頭試問的な質問をすることによって能力検査、適性検査で測られた能力、適性の確認もここで行うことになる。面接の技法としては、標準面接法、自由面接法、グループ面接法などがある。

標準面接法は、あらかじめ決められた質問項目に従い面接を進める方法である。通常、評価すべき項目、評価の基準、質問項目をあらかじめ用意しておき、決められた順序に従い質問を行い、事前に作成したフォーマットに記入、集計する形で評価を下していく。比較的客観的な評価が得られるという利点がある反面、事前に定めた事項以外の側面を見落とす危険もある。また、枠組みがあることによって面接者がその枠組みに引きずられ、面接が形式的なものに陥る危険もある。

自由面接法は、標準面接法とは異なり質問項目を事前に決めることなく、対象者の特性に応じてその場にふさわしいと思われる話題を臨機応変に投

入していく方法である。上手に運営することができれば、場の雰囲気をやわらげ応募者の本音をうまく引き出すことが可能である。しかしながらこの面接法の場合、評価の仕方が難しいというデメリットを持つ。

　グループ面接法は、5人から7人程度の複数の対象者を1室に集めて同時に面接する方法である。この面接では、面接担当者と応募者というコミュニケーションだけでなく、応募者相互のコミュニケーション能力についても同時に観察することができる。反面、多数の応募者を同時に面接するため1人当たりの情報量が低下するというデメリットがある。また、応募者の評価が発言の質よりも量に左右されがちになる危険性もある。

　いずれの面接法においても面接者の熟練が不可欠である。面接者は、事前に得ている応募者の情報、容姿、言葉遣いなどが面接の結果に影響しないように注意をする必要がある。予定している仕事に必要な特性を応募者が持っているかどうかを判断の中心に置くように意識し、それ以外の要因に面接結果が左右されないようにしなくてはならない。

新しい採用方法の模索

　できうる限り即戦力となる人材を確保し、さらに入社後の離職率を低減したいという企業のニーズの高まりに伴い、人材の採用法について「インターンシップ制度」、「会社紹介セミナーの充実」、「職場別採用の導入」などの新しい試みが模索されている。

　インターンシップ制度は、企業が春・夏休み中の学生たちに職場で実際に働く機会を与え、企業で働くということがどういうことであるかを実体験させる試みである。実際の職場での仕事を体験することで、学生側にとっても自分に適した仕事が何であるかを判断する知識を得ることができると同時に、企業の側にとっても自社に適した人材を早期に発見できるというメリットがある。インターンシップが開始された当初は、企業が学生に職業を体験する場を設けるといった企業の社会貢献の一環としての性格が強かったが、最近では新規採用の手段として活用する企業が増加している。

会社紹介セミナーは、従来よりもより深く企業の仕事の内容を紹介し、学生が実際に企業に入社してからどのような仕事をするのかをよりよく理解させようという試みである。ただ単に一般的な情報を提供するだけでなく、部署別に仕事の内容を詳しく紹介する、実際に学生が志望している部署の社員と直接話をする機会を設ける、仕事の模擬体験をする機会を設けるといったことを行う。こういったセミナーでは、企業・仕事の良い面だけでなくあえて悪い面についても知らせ、それを知った上でなお入社しようという高いモチベーションを持った志望者のみに絞りこもうとする試みも行われている。また、いつどこからでもアクセスできるというメリットを生かし、インターネット上でのセミナーといった試みも行われる。

　職場別採用は、本社が文科系・技術系の大雑把なくくりで採用し、入社後、配置転換をしながら採用者の適性を見て最終的な配属を決めるというやり方を改め、部署ごとに独自に採用を行う方式である。その部門の社員が中心となって行うため、部署ごとに必要な能力を持つ応募者であるかどうかを的確に判断でき、即戦力となる新入社員を確保しやすい。また、応募者側も自分のやりたいことと異なる業務を長い期間遍歴することなく、すぐに自分のやりたい仕事に確実に就けるため、結果としてモチベーションが高められ離職率の低減につながる。

II　教育訓練（誰をどうやって育てるの）

　社会がめまぐるしく変化していく時代において、それに対応して企業もスピーディーかつ柔軟に組織の構造を変化させていかなくてはならない。企業組織が変化していく中では、当然、その構成員である社員に要求される能力も変化していく。こういった時代においては、企業の社員に対する教育訓練の重要性がますます増加している。

　これまでの日本企業の教育訓練は、年功序列的な処遇を想定した入社年次別の形態を採ることが多かった。しかしながら、能力主義、成果主義の

組織運営に変わっていく今日、教育訓練の方法も入社年次、職能といった集団を対象としたものから個を対象としたものに変化をしていかなくてはならない。

教育訓練の意義

　新入社員は、会社に入り配属された部署で仕事を覚え徐々に1人前となり、さらに時間と共に新しい仕事に挑戦しそれをやりとげるというプロセスを繰り返しながら、より高度な仕事ができるように成長していく。

　このプロセスをより効率よく進められるように援助していくのが企業における教育訓練の目的である。ここでは学習理論、動機づけの理論をはじめとした様々な心理学における研究成果が応用されている。人間が持つ成長への動機づけを科学的・組織的に援助することで、組織の目標を達成するために必要な人材を育成することが教育訓練の目的である。同時に、個人それぞれが持つ様々な欲求を実現する手段を提供するという意味も持っている。この2つをうまく合致させることができれば教育訓練の効果は最大となり企業、個人の両方にとって意義のあるものとなる。

方法と内容

　教育訓練は、誰を対象とするかという観点から、階層別研修と職能別研修の2つに分けられる。階層別研修は、新入社員研修、中堅社員研修といったように入社からの年次に応じた階層を対象に行われる研修である。一方、職能別研修は、営業担当研者修、経理担当者研修、生産管理者研修といったように仕事の内容に応じて必要な知識・能力を身に付けさせるために行われる研修である。

　また、その研修の形態によってOJT (On the Job Training) とOff JT (Off the Job Training) に分類される。OJTは、実際に仕事が行われている現場において先輩、上司が直接仕事のやり方を指導していく方法である。また、Off JTは、仕事の場を一時的に離れ、社内あるいは社外に対象者

を集めて行ったり、社外の組織が主催する研修会に参加させたりする形式のものである。

さらに研修の目的に応じ、新人、あるいは、配置転換直後の社員に対して行う、「所属部署の仕事を遂行する能力を身に付けさせる」ものと、長期的なキャリアアップを意識した「より高度な仕事を遂行する能力を身に付けさせる」（キャリア開発プログラム、CDP）ものに分類される。

また最近では、年功序列から能力主義への転換に伴い、経営幹部補者の早期選抜訓練といった特定のキャリアを育成することを目的とした研修を開始する企業も増えている。

OJT

OJTの機能は、2つに大別できる。1つは、新入社員や新しくその業務を担当するようになった社員に対して行われる「当面行うべき業務」を遂行する能力を付けさせるためのものである。もう1つは、すでに経験を積んだ社員の担当業務や職務権限を拡大するために必要な能力を付けさせるために行うものである。

いずれの場合も、上司・先輩の指導の下に、実際に現場の業務をしながらトライアンドエラーで学習させる形式で教育が行われていく。OJTを効率的に進めるためには、漠然となりゆきにまかせて指導を行っていくのではなく、いつまでにどういった業務をできるようにするのかという具体的な研修計画を立てて、業務マニュアルに沿って行っていくことが大切である。

また、研修担当者には、その業務に精通していると共に、研修を受ける社員のやる気を引きだすような対応ができる社員を起用することが不可欠である。さらに、ただ単に、仕事やり方を教えるだけでなく、それぞれの業務について「なぜここではこうしなくてはならないか」といった意味づけをきちんと行っていくことが、次へのステップアップのために重要である。

off JT

OJT は、企業内教育における基本であるが、OJT の中に組み込むことが難しい内容、キャリアアップするのに必要な高度な専門知識を身に付けさせる目的で Off JT による教育が行われる。Off JT では、社内の研修対象者を職場の外に集め集合教育が行われる。

そこでは、講義方式、討議方式、演習方式といった手法が用いられる。また、その目的に応じチームワーク育成研修、リーダーシップ能力開発研修、問題解決能力開発研修といったテーマ別の研修が行われる。

講義方式は、教室に受講者を集めて講師による講義を聞かせる方法である。多くの知識を、短時間に大勢の受講者に対して与えることができるというメリットがある反面、受講生は一方的に情報を与えられるだけであり、与えられたものを理解し自分の物にできるかどうかは受講者次第となり、全ての受講者にとって効果があるとは限らない。

討議方式は、6人程度の小グループに受講者を分けて、与えられた課題を相互に討議しながら解決していくという方式である。参加者は、それぞれ自分の意見を出し合い、それに対し他のメンバーからの批判・助言を受けることによってテーマに対する知識を深めていく。この方式は、高い研修効果が得られるとされているが、その効果は構成メンバーの質に大きく依存する面もある。熟練したコーディネーターのサポートが不可欠である。

演習方式は、大きく机上演習と体験的演習（シミュレーション）の2つの方式に分けられる。机上演習は、企業の実例を基に作成した架空の問題状況、あるいは、過去に会社の中で実際に起こった問題状況を参加者に提示し、その課題をどう解決するかを机上で考えさせるものである。体験的学習は、メンバーに顧客役と販売員役を割り当て、顧客役のクレームに対してどう対応するかをその場で即興的に演じさせ、それに対してトレーナーや他のメンバーが批判・助言を行いながら能力を高めていくといったロールプレーイング（役割演技）の手法が採られる。また、パイロットのトレー

ニングに使われるシミュレーターによる訓練も体験学習の一種である。

教育訓練計画の策定と実施

　教育訓練を効果的に行うためには、長期的な視野に立った教育計画を作成しそれに沿った研修を行っていくことが重要である。教育訓練計画を作成するに当たっては次の点に留意する必要がある。

　まず、企業の中で業務の中核をなす仕事を遂行する能力を持つ社員を育成するためには長い時間がかかることに留意し、今後の業務展開の方向を見据えそのためにはどのような能力を持った社員が必要かを明らかにした上で、ある程度長いスパンの計画を立てなくてはならない。

　また、実践的でありその後の業務に有用であることが不可欠である。しばしば、教養講座的な集合教育を漫然と行っている企業が見られるがこれでは教育効果は期待できない。コストに見合った効果をあげることが企業内教育においては不可欠である。

　教育訓練は、それぞれの研修の目的、対象者、実施するタイミング、用いる手法が体系化されかつ次にふれる人事考課と連動している必要がある。

　対象者の選択にも留意する必要がある。これまでの教育訓練では、全社員に平等に教育訓練の機会を与えるという企業が多く見られた。こうした場合、モチベーションの高い社員には効果があるが、そうでない社員には教育効果が見られない。あるいは、ある社員には内容が簡単すぎるが、別の社員には難しすぎて理解できないといった具合に必ずしもコストに見合った教育効果が得られないこともある。それぞれの社員の能力、その社員の仕事上の必要性に応じて適切な教育訓練をプログラムを設定することが必要である。

これからの教育訓練の在り方

　これまでの年功序列型のシステムの中では、ただ機械的に階層別の教育訓練、職務別の教育訓練を繰り返すといった傾向が強かった。国際的な企

業間競争に打ち勝つための新しい組織を作り上げていくためには、1人ひとりの社員の能力を最大限に引き出すことを目的とした新しい教育体系を構築することが必要である。

また、社会が成熟したことによって社員の価値観も多様化している、社員の大多数が昇進を目指した高度成長期とは異なり、昇進することよりも自分の好きな仕事に打ち込みたいといった専門職志向、あるいは仕事よりも家庭を重視したいといった安定志向、自分で事業を起こしたいといった独立志向といったように社員1人ひとりが様々な異なった価値観を持つようになっている。そういった個々の社員の志向に応じた教育ができるようなプログラムの多様化が必要となる。

III 人事考課（誰を昇進させるの）

年功序列体系から能力主義・成果主義体系への移行は人事考課の重要性を増している。年功序列の体系の中においては、基本的に同一の階層に所属する社員について相対評価をすれば事足りたが、能力主義・成果主義体系では全社員を対象に誰もが納得できる基準によって絶対評価を行っていかなくてはならない。評価の妥当性が社員のやる気に直接的に結び付き、評価に対する不満が優秀な人材の社外流出という事態を招くことにもなる。そうした意味で、今後、企業における人事考課システムの重要性はますます増加していく。

人事考課の目的

人事考課は2つの目的で実施される。1つは社員の現在の能力を把握しそれをフィードバックすることによって社員が今後努力すべき目標を提示すると共に、教育訓練に必要な情報を集めることである。もう1つは、給与や賞与の額、昇進、配置転換といった処遇を決定するための情報を集めることである。前者は、どうしたら良い待遇を得られるのかを明示し個人

の目標を達成しようとする意欲を駆り立てる意味で、後者は、達成した成果に対し適切に報いるという意味で、能力主義・成果主義のシステムを円滑に機能させるために重要である。

評価の方法

　公平で誰にでも納得できる人事評価を行うためには、何を（評価の対象）どのように（評価の方法）評価するかを明確にする必要がある。

　個人の評価は通常2つの側面から行われる。その個人に「何ができるか」と「何をどれだけできたか」である。前者は個人の持つ能力の評価でありそれに応じた仕事を割り当てるために必要となる。また、後者はどれだけの成果をあげたか、経済学的に言うならばどれだけの価値を生み出したかという評価である。その個人の持つ能力よりも容易な仕事を割り当てた場合、本来その個人が生み出す可能性のある成果より少ない成果しか生み出すことができない。これでは本人が達成感を得ることができないと同時に企業としても本来得られるはずの成果を逃すこととなる。逆に、能力以上の仕事を割り当てた場合、当然、成果をあげられず本人は自信を喪失するであろうし企業も成果を得ることができない。

　評価の方法には、評価基準の設定のしかたによって相対評価と絶対評価がある。相対評価は、社員を順位付けることによって相対的に評価を決めていく方法である。通常は同じ部署で同じ仕事をしている他の社員との比較によって評価が行われる。一方、絶対評価は、あらかじめ決められている評価基準に基づき他の社員の評価とは関係なく行われる。従来の年功序列の体系においては、もっぱら相対評価が用いられてきたが、成果主義に移行するにつれて評価の方法も絶対評価に移行しつつある。

評価の際の留意点

　人事評価を行う際、評価の公平性と評価される側の納得性が確保されなくてはならない。客観的な基準を定め、できうる限り評価者の恣意性を排

除する方策を採ることが重要である。同時に評価される側がその評価結果を納得できるように評価の仕組みを整え明示しなくてはならない。

人間が他の人間を評価するという場面では、様々な心理的な歪みが加わる可能性がある。心理学の対人認知の理論で扱われるハロー効果（特定の評価項目についての評価が他の項目の評価に影響し過大評価、過小評価をしてしまう）、ステレオタイプ（評価と関係のない項目〔例えば出身大学〕が評価に影響する）といった人間の心理特性がその評価に影響したり、中心化傾向（無難に中程度の評価を多くつける）、寛大化傾向（被評価者の反発を恐れ甘い評価をする）、組織内政治の影響（評価が派閥・人間関係の影響を受ける）といった評価の偏りが生ずる可能性がある。評価する立場の社員に対しては、こういった心理的なバイアスが無意識のうちにかかる可能性があることを認識させ、できうる限り公正な評価を下せるように教育していく必要がある。

公正さを確保するために、直属の上司だけでなく関連部署の管理職、同僚といった評価される社員を取り巻く多数の関係者によって評価を行う多面評価法といった手法を取り入れることも多い。

目標管理制度

人事考課の手法として多く企業が取り入れている手法に目標管理制度がある。目標管理制度は、一定の期間ごとに上司と部下が話し合い、部下が達成すべき目標を決め、その期間の終了後に目標の達成度をふたたび上司と部下の話し合いによって評価するというものである。この際の目標には、日常業務、業務改善、自己啓発といった事項を設定する。

この方法のメリットとして、1つには社員のモチベーションの向上に効果が大きいということがあげられる。一方的に上司から与えられた目標ではなく、自らが設定した目標であるためそれを達成しようというモチベーションが強まる。また、上司との目標設定の話し合いの中で自分の仕事と会社の他の業務、業績とのかかわりを認識させることによって会社に貢献しているという意識を持たせることができ、これも仕事へのモチベーショ

ンを強める効果を持つ。また、上司との話し合いの中で成果についてのフィードバックを受けることもモチベーションを強めることにもつながっていく。

　２つ目としては、評価結果の納得性を高める効果が期待できることである。自分自身も関与し納得して設定した目標に対する評価であり、上司との話し合いで決定した評価であるために不満を持つ余地がない。

　３つ目としては、結果に対するフィードバックを的確に行うことによって自己の現状、今後何を行うべきかを理解させ自分の能力開発への意欲を高める効果があげられる。

組織の変化とこれからの人事考課

　年功序列から能力主義・成果主義への移行と同時に、意思決定を早めるために組織のフラット化が急速に進展している。これまでのような主任・係長・課長・部長・役員に加え副○○といった中二階的な階層を加えた高いピラミッド組織から３階層程度のフラットで役職の数を大幅に削ったスリムな組織への移行が進みつつある。

　従来の年功序列的な組織では、役職が一定種の報酬としての意味を持ち、その必要数を確保するために不必要な役職を増やしたために組織の肥大化を招いてきた。また、若年時に受け取るべき報酬を会社が留保し勤続年数が長くなった時点の給与に反映させる、あるいは勤務成績が悪くない限り役職に就くことを約束するといった、長く勤めなければ損をする体系を作り上げ早期退社を防ぎ終身雇用制を維持してきた。

　しかし、能力主義・成果主義に移行することによって１つの会社に長く勤めることのメリットが薄れ、今後は人材の流動化が促進されることになる。そういった中で、有能な人材の流出を防ぐために人材の市場価値をも加味した社員が納得できるフェアな人事考課が求められている。また、価値観が多様化する中、それぞれの社員の志向に応じた柔軟性のある人事考課が求められている。

> **コラム：終身雇用と年功序列**
>
> しばしば「終身雇用」と「年功序列」が混同されている。
>
> 　企業にとってコストをかけて教育訓練をして育て上げた有能な社員にできるだけ長く働いてもらうことはその利益に合致する。事実、欧米においても多くの優良企業で終身雇用の堅持をその社是としている。
>
> 　しかし、これまでの日本企業における終身雇用は、欧米の企業とは異なる特異なシステムによって維持されてきた。それは中途退社、転職が働く側に不利益をもたらす年功序列制度と連動させ、いわば働く側の辞める権利を制約することによって成り立ってきたと言える。別の言い方をするならば、年功序列と組み合わせることによって、企業側は労せずして有能な社員を会社に引き止めることができ、終身雇用を維持することができた。
>
> 　ところが年功序列から能力主義・成果主義に移行することによって、社員の側は自分の能力、志向に見合った処遇を提示する企業に容易に転職できるようになる。こうした状況の中で終身雇用を維持する、すなわち企業に対して忠誠心を持つ有能な社員を作り出し定年まで継続して働いてもらうためには、企業側は1人ひとりの社員に配慮しその職場満足度を高めていくような、教育・訓練、人事管理を行っていかなくてはならない。
>
> 　能力主義・成果主義の中で、終身雇用を維持できるかどうかは、企業の人事管理能力の良否にかかわる指標となると共に、企業業績にも大きくかかわりを持つと言える。

Ⅳ　リストラクチャリング（人材をどのように処遇するの）

　しばしば、リストラという言葉が人員整理の意味に使われる。しかし、リストラという単語のもとの意味は業務のリストラクチャリング（restructuring）、すなわち、業務の見直し・再構築という意味であって人員整理のことでない。業務の再構築をすることによって撤退する事業ができてしまい、その部門の人員が余剰になり結果として人員整理が伴うこともあるということである。本来、業務の見直しは時間をかけて行うものであり、そこで余剰となる人員は計画的に配置転換し他の部門で吸収するというの

が理想の姿である。余剰人員が生じる場合も再就職支援プログラムを用意し時間をかけるべきである。

社員の会社に対する忠誠心の高さと企業業績は大きな相関を持つ。不用意な人員整理は、残った社員の会社への忠誠心を低下させ、社内のモラール（士気）の低下を引き起こすことになる。人員整理に際しては、こういった残った社員への心理的な影響も考慮し、整理対象の社員への十分なケアを行うことが重要である。

年功序列賃金体系で社員を処遇してきた日本企業においては、能力・成果とリンクしない中高年の賃金が重荷になっているという現状がある。また年功序列のローテーション人事をしてきた結果、社員の能力開発が不十分で中高年社員の市場性が乏しく、「〇〇会社の課長です」とは言えても、「人事の専門家です」「経理の専門家です」と言える人材が育っていない、つまり市場性がある能力を持っていないために次の職場が見つからない社員が存在する。この結果、いわゆる"リストラ"が大きな社会問題となってしまっている。

前述した、教育訓練、人事考課が適切に行われているならば、たとえ、企業が環境の変化によって業務の見直しを行い余剰人員が出たとしても、そこに所属している社員は十分な市場性を持った能力を獲得しているはずである。人員整理をした社員が他社から引く手あまたになるような、教育訓練、人事考課を日常から行っていくことが逆に企業の強さを作り出すとも言えよう。

参考文献

厚生労働省『厚生労働白書（平成15年版）』ぎょうせい、2003年
厚生労働省大臣官房統計情報部編『労働統計要覧（平成14年版）』国立印刷局、2003年
マズロー, A. H.『人間性の心理学』産業能率大学出版部、1987年
松原達哉『心理テスト法入門』日本文化科学社、1976年
森下高治『職業行動の心理学』ナカニシヤ出版、1983年
NIP研究会編『新しい産業心理』福村出版、1990年

岡村一成『産業・組織心理学入門』福村出版、1994 年
斉藤勇・藤森立男『経営産業心理学パースペクティブ』誠信書房、1994 年
田崎醇之助・青木修次編著『産業心理学トゥデイ』八千代出版、1995 年

4章

利潤とのかかわり

I マーケティングとは（どのように売るの）

マーケティングと消費者心理

　資本主義社会における企業の存在理由は、より多くの利潤を継続的に生み出すことにある。利潤とは、一言で言ってしまえば、総売上げ（実販売価格×販売個数）から原価（材料費、人件費、設備費、広告宣伝費、流通経費等々、商品を製造し、販売するのに必要な費用の合計）を引いた残りであると言える。

　ここで利潤を大きくするには、総売上げを拡大する、原価を縮小するという2つの方法があるが、原価の縮小はそれほど容易ではない。産業心理学で取り扱う組織や人事の問題は、たしかに組織の効率を高めることで人件費の縮少に寄与する。同様に材料費や設備費も購買施策などの企業努力によって低減は可能であるが、そこには限界がある。結果的に利潤拡大の鍵を握るのは、総売上げをいかに拡大するかということになる。

　総売上げを拡大するためには、より高い価格で、より多くの商品を販売する必要がある。そのためにはまず何よりも、消費者にとって魅力的な商品を保有することが重要となる。消費者が本当に欲しいと思う商品であれば、販売価格が少しくらい高くても一定の販売数を確保できる。総売上を拡大するためには、価格設定も重要である。通常、販売価格が高くなれば商品当たりの利潤は大きくなるが販売数は減少する。逆に安い価格で売り出せば利潤は小さくなっても数多く売れる。販売数が増えれば、スケール

メリットによって製造コストは低下し、商品の認知度も高まるといった効果も期待できる。これら様々な要素を勘案し、最適な価格を設定することも企業にとっては重要な戦略の1つである。さらには商品の存在、そしてその魅力を消費者にきちんと伝えること、欲しいと思った消費者に商品をきちんと届ける販売ルートを確保することも、総売上げの拡大には不可欠である。

　より多くの利潤を継続的に生み出すための企業の様々な活動は、一般にマーケティングと呼ばれる。マーケティングはこのように相互に関係する多くの要素からなるが、これを最適化することは決して容易ではない。ここで重要な役割を果たすのが、消費者に関する情報である。消費者がどんな商品を望んでいるのか、何に着目し、どのように商品を選択しているのか、価格は商品選択にどのような影響を及ぼすのかなど、消費者の購買に際しての心理的活動の実態や特性を明らかにしてはじめて、企業は有効な対策を検討できるのである。本章では、企業のマーケティング活動を支える心理学という観点から、消費者心理と呼ばれる学問領域を通観してみたい。

　なお、消費者心理をもっと詳細に学習してみようという読者には、『消費者理解のための心理学』(杉本、1997) を推薦しておく。

マーケティング4P

　マーケティング4Pとは、マッカーシー (McCarthy, 1975) が唱えたマーケティングを構成する4つの戦略要因、製品 (Product)、価格 (Price)、販売促進 (Promotion)、流通 (Place) のことで、それぞれ英語の頭文字がPであることから「4P」と呼ばれる。

　①**製品戦略**：製品戦略は消費者に「欲しい！」と思わせる製品を開発することであり、この中には製品のデザインや性能だけでなく、パッケージや付随するサービスなどの付加的な要素も含まれる。製品戦略は、個々の商品についてだけではなく、各企業がどのような商品ラインアップをそろ

えるのか、そこにどのような共通の特徴を盛り込むのかといったブランド管理という視点から論じられることも少なくない。

②価格戦略：次に、いくら魅力的な製品ができても、法外な値段がつけられていては、売れるわけがない。商品の魅力に見合った価格を設定することで利潤を最大化することが必要である。また状況によっては、利潤の最大化よりも商品やブランドの浸透を狙って、意図的に安い価格を設定することもある。これが価格戦略である。価格戦略の中には、値引き政策や流通業者に対するインセンティブ（販売報奨金）なども含まれる。

③販売促進戦略：魅力的で割安な製品も、そのような商品が存在していることが知られていなければ、あるいはその商品の魅力が消費者に理解されていなければ、やはり売れるはずはない。販売促進は、製品の存在そのもの、さらにはその特徴を消費者に伝えるための方策についての戦略である。広告宣伝、イベントの実施、販売員のセールストークマニュアルの作成などを通じて、消費者に「こんな商品があるのか、欲しい！」と思わせるのが販売促進の目的である。

④流通戦略：最後の流通戦略は、商品に対する需要に確実に応えるために、最適な販売ルートを選定することである。これはどちらかと言えば企業サイドの問題であって、消費者の意向が関与する余地は限られているが、販売を直営店に限定することでブランドの特徴を明確にする、あるいは通信販売に特化することで流通コストを削減するなど、戦略的な流通政策を展開する企業も少なくない。

「マーケティング4P」ないしは「4P」という言葉は、マーケティング活動を構成する要素が端的にまとめられているため、今日も様々な場面で用いられるが、本来は、それまで個別に対応されることが多かった各マーケティング要素を、より統合的に戦略に織り込むことで相乗的効果をあげること、すなわち「マーケティング・ミックス」の必要性を唱えるかたちで提案されたものであることを、付記しておく。

市場の変化とマーケティングの発展

　1950年代後半から60年代にかけての我が国のように、大量生産、大量消費の時代においては、市場は順調に拡大し、販売努力をせずとも商品は確実に売れた。このような状況下では、生産能力を拡大し流通を効率化することが企業の基本的課題であった。安くて良い製品であれば確実に売れたこの時代においては、今日的な意味での消費者心理はまだ必要とされていなかったと言える。

　ところが大量生産、大量消費の時代はいつまでも続かない。様々な製品が消費者に広くいき渡るにつれて、消費量は頭打ちになり、企業間の競争も厳しくなってくる。大量生産を維持するためには、商品の価格を下げて消費者層の拡大を図ると共に、販売を強化することが必要となった。ここでいよいよマーケティングという考え方が登場する。

　マスマーケティングと呼ばれる当時のマーケティング戦略においては、市場を構成する不特定多数の消費者全体を対象に、大規模広告を中心とした強力な販売戦略が展開され、ひたすらシェアの拡大を目指すことが行われた。

　しかし、その後企業間の競争の激化につれ、また消費者の生活水準が向上し商品に対する選択眼が厳しくなったことを受け、マーケティング活動の中心はコスト削減や販売強化といった企業中心のものから、消費者の欲求をとらえ、これをいかに満たしていくかという、顧客中心の方向に変化してきた。消費者の望む製品を他社に先駆けて提供すると共に、価格設定、広告訴求、流通政策においても、消費者に高い満足度を提供することが企業のマーケティング活動の基本原理となったのである。消費者の満足度を高めるためには、消費者の欲求や購買行動を正確に理解することが不可欠である。ここで消費者心理がマーケティング活動の一部として本格的に企業活動に採用され、今日に至っている。

II 消費者心理の基本枠組み（消費者の心とはどんなもの）

　消費者心理の産業への貢献は、「4P」に代表されるマーケティングのそれぞれの局面における戦略への反映という形態を採るが、今日これらの戦略は単独にではなく、相乗的効果を狙って相互に連携を図る形で実施される。この連携を円滑に行うためには、消費者の購買行動についての全体像を理解しておくことが不可欠である

購買行動の概念モデル

　これまで消費者の購買行動の全体像を記述した様々な概念モデルが提案されているが、その中で今日、最も一般的なのが「エンゲル・ブラックウェル・ミニアード（EBM）モデル」(Engel, Blackwell and Miniard, 1995) である。

　このモデルの特徴は、消費者の購買行動を、図4-1に示すように「欲求認識→情報探索→購買前代案評価→購買→消費→購買後代案評価→処分」の7段階からなる商品選択のための意思決定過程としてとらえ、それらに対する影響要因や関連する心理的プロセスを、記憶や情報処理といった認知的なメカニズムによって説明している点にある。以下、各ステップについて解説する。

　①欲求認識：購買行動は、消費者が欲求を認識することから始まる。消費者は日常生活場面において、「もっとおいしいご飯が食べたい」「あんな車を所有できたらなあ……」というように、様々な欲求を持つ。しかしこれらの欲求がそのまま全て炊飯器や自動車の購入につながるわけではない。現在の状態（例えば、今の車を保有していることで得られている生活の質）と、望ましい状態（最新型の車に買い換えた場合に得られるであろう生活の質）とのズレの認識が、ある閾値（境界線）を越えた時に、その欲求ははっきりと認識される。そしてそのズレを解消し、望ましい状態に移行するために、購買

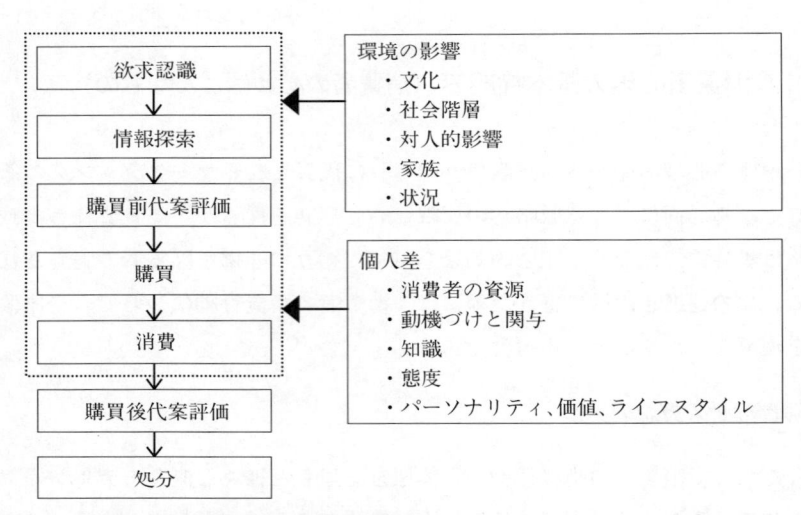

```
┌─────────────────┐         ┌──────────────────────┐
│   欲求認識       │         │ 環境の影響            │
└────────┬────────┘         │  ・文化               │
         ▼                  │  ・社会階層           │
┌─────────────────┐◀────────│  ・対人的影響         │
│   情報探索       │         │  ・家族               │
└────────┬────────┘         │  ・状況               │
         ▼                  └──────────────────────┘
┌─────────────────┐
│  購買前代案評価   │         ┌──────────────────────┐
└────────┬────────┘         │ 個人差                │
         ▼                  │  ・消費者の資源       │
┌─────────────────┐         │  ・動機づけと関与     │
│    購買         │◀────────│  ・知識               │
└────────┬────────┘         │  ・態度               │
         ▼                  │  ・パーソナリティ、価値、ライフスタイル │
┌─────────────────┐         └──────────────────────┘
│    消費         │
└────────┬────────┘
         ▼
┌─────────────────┐
│  購買後代案評価   │
└────────┬────────┘
         ▼
┌─────────────────┐
│    処分         │
└─────────────────┘
```

図 4-1　消費者の購買意思決定過程と影響要因（Engel, Blackwell and Miniard, 1995 の一部を簡略化して表示）

行動が発生するのである。

　ここで、購買行動の発生が、望ましい状態と現状とのズレによって定義されていることが、重要な意味を持つ。例えば、最新型の炊飯器で炊いたご飯を食べ、そのおいしさを知った瞬間、新しい炊飯器に対する欲求が高まる。これはより望ましい状態が出現したことで、現状との間のズレが拡大した結果である。逆に現在の状態が悪化することで、欲求が高まることもある。例えば、人にもらった愛用の腕時計が実は安物だと分かった瞬間に、急に新しい時計が欲しくなる、あるいは車検が近づくと、車検代を払うよりもいっそのこと新車に買い換えようかと考えるなどというのがこれに相当する。

　企業のマーケティング戦略においては、新商品投入や広告等を通じてより望ましい状態を提示することで欲求を喚起することが通常であるが、例えば上述の車検時のように、購買行動が発生しやすいタイミングの存在を知り、ビジネスチャンスとして活用することも、念頭に置いておく必要が

ある。

　②**情報探索**：欲求を認識した消費者は、次の段階として、欲求を充足するための方策について、必要な情報を探索する。情報探索は、大きく「内的情報探索」と「外的情報探索」に分類される。前者は、消費者自身の記憶（厳密には長期記憶）の中での情報探索で、日常生活の中で接した広告や新聞・雑誌記事、そして自身の体験など、長期記憶に貯蔵されている知識が探索対象となる。内的情報探索だけでは十分な情報が得られない場合には、消費者は外的情報探索を行う。カタログを取り寄せたり、実際に店に出かけて商品を手にとってみたり、評論家の論評が載っている雑誌（最近ではインターネットも重要な役割を果たすようになっている）を調べたり、友人や家族の意見を聞いたりというのが、外的情報探索である。

　この EBM モデルでは、「情報探索」は、次の「購買前代案評価」に先立つ独立したステップとして取り扱われているが、実際の購買行動においては、両者は密接な関係を持ち、情報収集→評価→情報収集→評価といった進行形態を採ることも少なくない。

　③**購買前代案評価**：購買前の段階での代案評価は、文字通り、どの商品（ブランド）を購入するかを決めるための評価のステップである。ここでは消費者は、複数の購買対象（代案）それぞれについて、性能や機能といった様々な属性に関する獲得情報に基づいて、自身の欲求をどの程度満足し得るかを予測・評価し、どの商品を購入するかを決定する。このように複数の属性について情報収集を行った上で行われる決定を、「多属性意思決定」または「多目標意思決定」と呼ぶが、その具体的な方法（意思決定方略）は、個人によって、また個人内でも購買対象商品の種類によって異なる（「意思決定方略の多様性」項、p.73 参照）。

　当該商品のターゲットユーザーが、どのような方法で代案評価（厳密には情報収集＋代案評価）を行っているかを知ることは、企業にとって、効果的なマーケティング戦略を立案する上で、非常に重要な意味を持つ。

　④**購買**：代案評価が完了した時点で、消費者は自分にとって最適と判断

した製品を、同じく最適と判断した方法で購入する。

　⑤消費：購入された商品は、通常、実際に使用されることになる。このステップを消費と呼ぶ。従来の消費者心理においては、購買意思決定プロセスに関心が向けられ、消費過程そのものは、ともすれば軽視されてきたきらいがあるが、消費過程での様々な経験、また経験を通じて得た種々の情報は、次回の購買における意思決定過程に大きな影響を及ぼすことを忘れてはならない。

　⑥購買後代案評価：購入した商品を使用した段階で、消費者は自分の購買行動が妥当なものであったかどうか、再度、代案評価を行う。実際に使ってみて、なお購入した商品が自分の期待通り、ないしは期待以上であれば、消費者は満足し、結果的に当該商品（ブランド）に対する愛着が高まり、そこで採用された購買意思決定の方法も強化される。一方、実際に使ってみた結果が期待を下回った場合、消費者は不満を感じると共に、購買行動が不満足に終わった原因を振り返ることになる。この反省の過程で、自身の購買意思決定の方法に問題があったと判断すれば、次回の購買行動はその反省を反映したものとなるし、原因がメーカーや販売者にあったと判断すれば、次回の購買に際してそれらは排除される。不満が著しく強ければ、払い戻し請求や苦情の申し入れといった具体的行動に発展する場合もある。

　このように購買後代案評価は、次回の購買行動に多大な影響を及ぼすため、各企業は自社製品を購入した顧客の満足度（顧客満足度）をモニターするための調査を定期的に実施しているケースが多い。

　⑦処分：商品によって時間的スパンは異なっても、いずれ商品はその役割を終え、処分されることになる。処分には、「保持継続（死蔵を含む）」「廃棄」「リサイクル」など、様々な形態があるが、これまでこれらについての消費者の心理についての知見は少ない。しかしに「家電リサイクル法（平成13年4月施行）」の制定などからも分かるように、環境問題、資源リサイクルといった観点から、その心理的メカニズムの解明に関する社会的

要請は急速に高まりつつあり、今後の重要な研究テーマであると言える。

購買意思決定過程の多様性

ここで紹介した「EBM モデル」は、消費者の購買意思決定の全体像を収録した代表的なモデルであるが、個人によって、また商品の種類によって、実際の意思決定過程は多様である。

例えば洗剤やトイレットペーパーのような日用品の購入に際しては、残りが少なくなったから買っておこうといった軽い気持ちで購買行動は開始され、「理想状態と現状のズレ」などが意識されることは少ない。また情報収集や代案評価などもきわめて限定的なものであり、普段使っているブランドが無意識に選択されるか、とりあえず店頭で目に付いた商品が選択されるかのいずれかであろう。

それに対して、パソコン初心者が初めてパソコンを買うといった場面では、その意思決定過程は、このモデルにかなり忠実なものになる。それでも場合によっては、情報収集→評価→情報収集→評価とさんざん迷った挙句に、やはり難しそうだからやめるということにもなりかねないし、自分で選択することをあきらめ、知識の豊富な知り合いや販売員に意思決定を委ねてしまうことも起こり得る。

一般に日用品のように反復的に行われる購買行動においては、購買意思決定行動は簡略化され、商品知識が乏しい商品を対象とした購買行動については、特にその商品が高額な場合には、情報収集、代案評価のステップにおいて入念な検討がなされる傾向にある。しかし実際のマーケティング戦略立案に際しては、このような教科書的知識を鵜呑みにするのではなく、対象商品に対する消費者の購買行動の実態を、調査などを通じて正確に把握しておくことが、何よりも重要である。

意思決定方略の多様性

意思決定過程が多様であるのと同様に、情報探索、購買前代案評価のス

表4-1 フィッシュバインモデルによる全体的態度(「好き―嫌い」)形成の考え方

製品属性	各属性の評価 +2:非常に良い ｜ −2:非常に悪い	各選択肢がそれぞれの属性を持つことに対する信念の強さ 5:完全に当てはまる ｜ 1:まったく当てはまらない		全体的態度の計算	
		選択肢―A	選択肢―B	選択肢―A	選択肢―B
デザインが良い	+2	3	5	(+2)×3	(+2)×5
操作性が良い	+1	4	2	+ (+1)×4	+ (+1)×2
価格が高い	−1	3	3	+ (−1)×3 =	+ (−1)×3 =
			全体的態度→	7 <	9

テップにおいて購入商品を決定する際の方法(意思決定方略)も多様である。意思決定方略の中で最も代表的なものが多属性態度モデルで、中でもフィッシュバインモデル(Fishbein, 1963)が広く知られている。このモデルでは、各選択肢に対する全体的態度「好き―嫌い」は、各属性の評価(重要度)「良い―悪い」と、当該選択肢が各属性を持つことについての信念の強さ「当てはまる―当てはまらない」の積和で表現される。表4-1に示すように、それぞれの選択肢に対する全体的態度がこのような形で算出され、最も高い態度得点を得た選択肢(表4-1の例では選択肢―B)が選択されるというわけである。

この多属性態度モデルは、非常に合理的で、消費者にとっても最善の意思決定方略であるはずだが、実際の消費行動では、より簡略な意思決定方略が採用されることが少なくない。例えば自動車の購入に際して、軽自動車から高級車まで、全ての商品について属性ごとの情報を収集し評価することは、事実上不可能である。また、ちょっとした日用品の購入に際しても、このような面倒な情報操作を行うことは稀である。一般に、消費者は、それぞれの購入場面で、以下に挙げるような、より簡略な意思決定方略

(Bettman, 1979) を使い分けている。

①**感情依拠型**（affect refferal）：消費者自身のそれまでの商品購買経験や使用経験をベースに、最も好意的な態度を形成しているブランドを習慣的に選択する方略。日用品の購入などに際して、最も典型的な決定方略で、新たな情報探索が行われることはほとんどない。

②**連結型**（conjunctive）：製品の各属性について必要条件が設定され、1つでも必要条件が満たされないような属性があれば、他の属性がいかに優れていても、その選択肢は拒絶される。このような検討を反復し、最初に全ての検討属性において必要条件を満足した製品が選択されることになる。最適な選択には至らない可能性もあるが、不満のない選択を効率良く行うのに適した決定方略と言える。

③**分離型**（disjunctive）：連結型が各属性に必要条件を設定していたのに対し、この決定方略では十分条件が設定され、1つでも十分条件を満足する選択肢が得られた場合には、他の属性の評価にかかわらずその選択肢が選ばれる。デザインが気に入った商品が見つかった時点で、機能や価格を検討することなく購入してしまうような場合が、この方略に当てはまる。

④**辞書編纂型**（lexicographic）：この決定方略では、その消費者にとって重要な属性から順次、選択肢が評価される。最も重要な属性（例えばデザイン）についての評価で、選択肢がしぼり込まれても、まだ同じくらい好ましい商品が複数残っている場合には、次に重要な属性（例えば機能）において評価の高い方を選択する。ここでも優劣がつかなければ、さらに次の属性（例えば価格）を動員することで、意思決定を行うことになる。

⑤**逐次削除型**（sequential elimination）：製品の各属性に必要条件が設定され、属性ごとに各選択肢が必要条件を満足しているかどうかという視点で評価される。必要条件を満たさない選択肢はその時点で脱落し、残ったものが次の属性についての評価を受けることになる。「連結型」に似ているが、連結型が各選択肢を順次、全ての属性について検討していくのに対し、この方略ではそれぞれの属性について複数の選択肢を評価していく点

が異なる。

　これら様々な意思決定方略のどれが採用されるかは、個人によって、また個人内でも購買対象商品の種類によって異なる。また商品によっては、連結型などの簡略な方略で選択肢を絞り込んだ上で、フィッシュバインモデルのような精密な評価が行われるといった、複数の方略が併用される場合もある。さらに決定方略そのものは同じであっても、その方略においてどの属性が優先的に検討されるか、あるいは各属性に対してどのような重みづけがなされるかで、選択される商品も異なってくる。的確なマーケティング戦略を実施するためには、当該商品消費者の意思決定方略について、個人差を含めた詳細かつ正確な理解が必要であることを、ここで再度確認しておきたい。

マーケット・セグメンテーション (market segmentation)

　購買意思決定過程や方略における個人差への対応として、消費者をその類似度に基づいていくつかの集団に分類し、それぞれの集団に固有な欲求や購買行動特性をターゲットに商品開発や販売を行うことが広く行われている（例えば、飽戸、1987）。このようにマーケティングにおける個人差対応として市場を細分化することを、マーケット・セグメンテーション（市場細分化）という。

　最も基本的なマーケット・セグメンテーションは、性、年齢などの人口統計学的変数による分類である。これに職業や所得、家族構成などの社会的・経済的変数や地理的変数などを加味する場合もある。このようなセグメンテーションは理解しやすく、店頭などで、どのセグメントに属する顧客かを容易に判断できるというメリットがある一方、セグメントが十分に個人差を説明しきれていないという問題も生じやすい。

　欲求や購買行動の類似度を高めることを目的に、どんな商品やブランドを購入しているかといった購買行動の実態や、質問紙に収録された様々な意識設問に対する回答パターンの類似度に基づき、統計的にセグメンテー

ションが作成されることも少なくない。この場合、分類精度は向上するが、店頭などの現場での適用は難しい。

　どのようなセグメンテーションを採用するかは、各企業それぞれのノウハウとなっており、あまり表に出てくることはないが、多くの商品領域で、多様化した消費者の欲求や購買行動に対応するために、様々な工夫が行われていることは認識しておく必要がある。

III　製品開発のための消費者心理（製品開発の時、何を考えるの）

　先にも述べた通り、より高い価格でより多くの商品を売るためには、まず何よりも、製品そのものが消費者にとって魅力的でなければならない。本節では、この魅力的な製品を生み出す際に心理学がどのように利用されているかを見てみよう。

ニーズ把握のための心理学

　製品開発は、まず消費者のニーズを正確に把握することから始まる。どんなにすばらしい技術に裏打ちされた製品であっても、それを欲しいと思う消費者がいなければ、売上げは期待できない。市場がまだ十分に成熟していない段階では、消費者のニーズは基本機能に関するものが中心で、わざわざ調査を行ったりしなくても知ることができた。ところが市場が成熟するにつれ、消費者ニーズは様々に分化し、企業間の競争は、いかに未充足ニーズを把握し、それに応えた製品を他社に先駆けて提供していくかという段階に進んだ。このような成熟市場においては、各企業は様々な調査を実施して消費者ニーズの把握に努めている。このニーズ把握のための調査は、ニーズ発見のための調査とニーズ確認のための調査に分類される。前者は文字どおり、市場内に存在する様々なニーズ、あるいはまだ顕在化していない潜在ニーズ（ウォンツと呼ばれることもある）の発見を目的としている。一方後者は、あるニーズを持つ消費者が市場内にどれだけ存在する

か、当該ニーズに対応した製品を発売した際に、どの程度の売上げが期待できるか、というビジネスチャンスの検討・確認を目的としている。

インタビュー調査と質問紙（アンケート）調査

　ニーズ発見とビジネスチャンス確認のための調査では、用いられる手法も異なる。通常、前者についてはインタビュー調査、後者については質問紙（アンケート）調査が実施される。インタビュー調査の最大の強みは、回答者の生の声を聞くことで、白紙の状態から仮説を生み出すことができる点にある。また調査そのものの自由度が高く、必要に応じて回答者の購買行動を、深層心理にまで踏み込んで明らかにすることも可能である。一方、自由度が高いゆえに、インタビュアーの主観の混入、調査結果の冗長性といった欠点もあり、従来はともすれば予備調査的な扱いを受けることが少なくなかった。

　しかし近年、認知心理学的な考え方を背景とした評価グリッド法（讃井、1995；神田他、2000）や、臨床心理学や文化人類学の手法を取り入れた解釈的インタビュー（ベルク、2001）など、これらの欠点に対応した様々な手法も提案され、ニーズ発見のための独立した調査として、本格的な実務適用が始まっている。

　質問紙を用いたアンケート調査は、質問紙に収録された事項についてしか情報を入手できないという限界はあるが、調査効率の高さを活かして大量のデータを入手し、統計的な分析をほどこすことで、当該製品の潜在需要を量的に把握できるという強みを持つ。そこで、探索能力に優れたインタビュー調査を利用してニーズ仮説を立案し、これを質問紙調査で効率よく確認するというように、両者をセットで実施する場合が多い。

　従来、質問紙調査は郵便を利用する場合がほとんどであったが、近年は通信手段としてファクシミリやインターネットの利用も増加してきた。また分析に際しても、いわゆるクロス集計だけではなく、因子分析や重回帰分析、さらにはコレスポンデント分析や共分散構造分析など、様々な多変

量解析が導入されるなど、市場のニーズを一段と精度高く把握する努力が行われていることを忘れてはならない。

仕様決定のための心理学（官能検査）

ニーズの発見・確認を経て実際に製品を具体化する段階では、製品の形や寸法、また使用する部品等を決定していかなければならない。この際にも心理学の技術を用いた調査や実験が行われる。例えば、若い女性をターゲットに「持ち運びしやすい」ことを特徴とするデジタルカメラを開発する場合、いろいろな形の試作品を用意し、若い女性を被験者に、それぞれの「持ち運びのしやすさ」の程度を評価してもらう。ここで得られた若い女性にとっての「持ち運びのしやすさ」の得点と各寸法との関係を統計的に分析することで、最適仕様（この場合は寸法）の決定を支援しようというのがこの種の調査（実験）の狙いである。このような、直接測定できない人間の感覚と測定可能な物理指標との関係を明らかにすることを目的とした調査や実験は、官能検査（評価）と呼ばれる。

企業における官能検査の応用の歴史は長く、またその守備範囲も広い。ここでは製品開発における仕様決定支援という、マーケティングに最も近い応用例を紹介したが、これ以外にも、研究開発部門での新技術の評価、製造部門での品質管理など、幅広く活用されていることを付記しておく。

IV 価格決定のための消費者心理（値段はどうやって決めるの）

商品の価格は、基本的には材料費や製造コストなど、いわゆる原価を基準に決定されるが、利潤に相当する部分は、企業が自由に設定可能である。本章冒頭で述べた通り、商品毎の利潤の大きさ、言い換えれば商品の販売価格と売れゆきとは基本的に反比例関係にあるが、そこには経済的合理性だけでは説明できない様々な例外も存在し、企業はこのような例外を巧みに利用した価格戦略を採用している。その代表的なものが「端数価格」

「威光価格」「慣習価格」である（和田・恩蔵・三浦、1996）。

　例えば、9800円、980円といった9や8のついた価格をよく目にするが、これらは確かに10000円や1000円に比べ、実際の差である200円、あるいは20円以上に「安い」という印象を与える。これが「端数価格」で、スーパーマーケットをはじめとして、幅広く採用されている。

　また、シャネルやルイ・ヴィトンといった高級ブランドの商品に見られるように、同種の商品に比べ、あえて高価格を設定することがある。これが「威光価格」で、価格そのものに意味を持たせることで、消費者にその商品が高品質であるという印象を与えたり、所有することに優越感を感じさせたりといった効果を狙ったものである。

　「慣習価格」は、例えば『缶入り飲料といえば120円』というように、消費者が当然と考えている価格のことで、この価格を上回れば需要が減少するものの、これより安い価格を設定しても需要増には結びつかないといった性質を持つ。慣習価格は各メーカーが長期にわたって同一価格を設定した場合などに生じるが、近年のデフレ傾向の中で価格破壊が進むにつれ、事例は少なくなりつつある。

V　販売促進のための消費者心理（売り方はどうするの）

　販売促進の目的は、商品の存在そのもの、また商品の持つ特徴を、きちんと消費者に伝えると共に、その商品を買おうという気持ちに誘導することにある。この目的達成に向けて、テレビ、新聞、雑誌広告、イベント、セールスキャンペーンなど、様々な活動が展開されており、広告宣伝費ランキングで首位に立つトヨタ自動車の年間広告宣伝費は1000億円を超えている（日経広告研究所、2003）。

　販売促進戦略は、どのメディアを通じて情報を発信するかというメディア戦略と、実際にどんな内容の情報を発信するかという表現上の戦略とに大別される。前者については、当該商品のターゲットユーザーとの接触を

最大にすることが目的であり、ユーザーの購買行動、特に情報探索行動の実態についての正確な知識が不可欠である。後者については、自社商品に対して好意的な態度を形成することが目的となり、ここでは消費者の意思決定方略を念頭に戦略立案が行われる。例えば多属性態度モデル（「意思決定方略の多様性」参照）をベースにおいた場合には、「特定の属性の評価を改善する」「特定の属性の重要性を変化させる」「新しい属性を評価に導入する」などの戦略が考えられる（Wilkie, 1990）。実際にどのような戦略を採用するかは、当該商品が市場においてどのように認識されているか、また競合商品との関係を正確に理解した上で決定されることは言うまでもない。

　広告にまつわる心理学的研究の歴史は古く、説得力を高めるための様々な考え方や技法が報告されている。中には、『フットインザドア技法（はじめに小さな要求に応じさせ、その後次第に要求を大きくしていくことで、なし崩し的に大きな要求を受け入れさせてしまう技法）』や『ドアインザフェース技法（先に大きな要求を出し、断らせておいてから、譲歩する形で本命である小さな要求を出すという技法。1度断ったという負い目を背景に応諾率が高まるという）』のように、悪徳商法の手口になっているものもあるが、これら説得技法の多くは、どのような条件下でも等しく機能するものではない。近年のマーケティング戦略では、このような個別の技法に依存することよりも、いわゆる4Pを、商品ブランド／企業ブランドの下に統合していくことに多くの関心が向けられていることを、強調しておきたい（例えばアーカー、1997）。

---- **コラム：ブランドとは** ----

　ブランド（brand）という言葉は、我が国では「ブランド物の時計・バッグ」というように、『高級』を意味する語として用いられることが多いが、本来は『特定の企業が提供する商品やサービスを、競合企業の提供するものと区別するための名称、言葉、サイン、シンボル、デザインあるいはその組み合わせ』を意味している。

　近年、企業のマーケティング活動では、この本来の意味でのブランドの強化・維持が非常に重視されている。これは企業間の技術格差が小さくなった結果、製品の機能や価格の上での優位性が長続きしなくなり、容易に追いつ

くことのできないイメージ的な側面での差異化が不可欠となってきたためである。

強いブランドを持つことには、例えば以下のようなメリットがある。
1. 消費を通じて形成された好意的なイメージがブランドと結びつくことで、反復的な購買が期待できる。
2. より多くの消費者にその商品の存在が知られるようになる。
3. 商品の特長がブランドと結びつくことで、ブランド自体が商品特長や品質を保証する機能を持つようになる。
4. いわゆる『高級ブランド』に代表されるように、いったん消費者の望むブランドイメージが形成されると、そのイメージ自体が消費者の購買欲求の対象となる。

ブランドイメージは、不祥事などがあると急速に下落する。しかし逆に好意的イメージの形成は、少しずつ着実に積み上げていくしか方法はない。したがって今日のマーケティング活動においては、明確なブランドイメージを定め、マーケティング4Pのあらゆる場面において、これを着実に消費者に浸透させることを狙った統合的な戦略が重視されるようになってきている。

VI 流通における消費者心理（どこで売るの）

マーケティング戦略の中で流通の問題は、従来はどちらかと言えば企業サイドの問題であって、消費者心理の貢献は限定的であったが、販売を直営店に限定することでブランドの特徴を明確にする（「シャネル」「プラダ」などの高級ブランドや「無印良品」など）、通信販売に特化することで流通コストを削減する（「エディーバウアー」や「ランズエンド」などの衣料品、「デル・コンピューター」、テレビショッピングに特化した「ジャパネットタカタ」、さらにはインターネットによる世界最大の本屋「アマゾン」など）など、あえて戦略的な流通政策を採る企業も存在する。

流通の一領域として、商品の陳列方法を含む店舗環境計画という課題がある。例えばスーパーマーケットには膨大な数の商品が陳列されているが、その配列は、分かりやすさだけではなく、商品の利益率や各通路の通行量

なども考慮し、利益を最大化すべく決定されている。また量販店「ドンキホーテ」では、膨大な量の商品をあえて雑然と展示するという常識に反する店舗計画を行って成功を収めている。これはわかりにくさを逆に、「商品の森を探検する楽しさ」に置き換えるという狙いが当たったもので、戦略的店舗計画の興味深い事例であると言える。

店舗環境の計画においては、商品情報の提示という機能も忘れてはならない。スーパーマーケットでは商品の実際の価格の脇に、例えば紅茶なら「1ティーバッグ当たりいくら」といった表示がなされていることがある。また家電量販店の店頭では、それぞれの商品ラベルの中に、価格と共に主要性能・機能が表示してある場合がほとんどである。これらはいずれも店頭での消費者の情報探索や代案評価を支援するための情報提供であり、購買に伴う負荷を軽減すると共に、購入後満足度を高めることで、次回の購入も自分たちの店でしてもらうことを狙ったものであると言える。

マーケティングの中で、従来ともすれば軽く見られがちであった流通戦略においても、消費者心理の基礎知識の上に、戦略的発想が求められるようになってきたことを、これらの事例は物語っている。

参考文献

飽戸弘『新しい消費者のパラダイム』中央経済社、1987年

Bettman, J. 1979 *An information processing theory of consumer choice* Addison・Wesley.

デービッド・A.アーカー『ブランド優位の戦略：顧客を創造するBIの開発と実践』ダイヤモンド社、1997年

Engel, J. F., Blackwell, R. D. and Miniard, P. W., 1995 *Consumer behavior* 8th *ed.* Dryden Press.

Fishbein, M., An investigation of the relationships between beliefs about an object and the attitude toward that object *Human Relations* 16, pp.233-240.

神田範明編著『ヒットを生む商品企画七つ道具：よくわかる編』日科技連出版社、2000年

ラッセル・W.ベルク「ポストモダン・マーケティングの技術」『Diamond Harvard Business Review』2001年

McCarthy, E. J., 1975 *Basic marketing：A managerial approach,* 5th *ed.* R. D.

Irwin.
日経広告研究所『有力企業の広告宣伝費』http://www.nikkei-koken.gr.jp/　2003
讃井純一郎「ユーザーニーズの可視化技術」『企業診断』1月号、1995年
杉本徹雄編著『消費者理解のための心理学』福村出版、1997年
和田充夫・恩蔵直人・三浦俊彦『マーケティング戦略』有斐閣、1996年
Wilkie, W. L. 1990 *Consumer behavior* 2nd *ed*. John Wiley & Sons.

5章

安全とのかかわり

　現在のように、高度で複雑なシステムを基盤として成立している産業社会では、個人のちょっとしたミスによる事故でも、その影響は個人が所属する組織に留まらず、一般社会も巻き込んだきわめて広い範囲に及ぶ。もちろん、これまでにも各産業の関係者によって様々な対策が練られ、その具体化も図られてきている。しかし、残念ながら、そのような努力をあざ笑うかのように、事故や労働災害は繰り返し発生している現実がある。

　この章では、「安全」をテーマに、まず、産業社会の中における「人間」に焦点を当てて、どんな行動が事故とかかわっているのかを考えていくことにする。

1　個人エラー（あなたが事故を起こさないためには）

　現在、安全に仕事を進めるために、多くの産業分野でヒューマンファクター（直訳すれば、「人の要因」という意味：Human Factors）の視点が大切だと考えられ、作業の安全に関係する「人の問題」がクローズアップされている。

　ヒューマンファクターに関する研究は、人類が過去に経験した多くの悲惨な事故の原因分析から得られた教訓を基にして発展してきた。というのも、事故発生の主要な部分に、人間が深く関与していることが明らかとなったからである。最近では、航空業界、宇宙開発、大規模プラントなどに代表される巨大システムの運用には、ヒューマンファクターについての研

究が欠かせなくなっている。

このヒューマンファクターを以下の3分野ごとに、現在、それぞれ何が問題となっているのか考えていくことにする。

マン・マシンインタフェース（人と機器類の接点）

最近の機械や設備などのハード系はコンピュータを中心としてめざましい展開を見せている。しかし、その一方で、人間にとって使いやすいツール（道具）としてこれらの機器が整備されているかというと多くの疑問が残る。最近の機器は専門家でないとその中身を知ることができない、もしくは、知る必要がないとされているかのようである。家電製品はこれでよいのかもしれない。しかしながら、原子力プラントなど巨大システムにおいては、全体の仕組みやプロセスが複雑なため誰もシステム全体を把握することができないという事態が出現している（ブラックボックス化）。つまり、コンピュータ制御による自動化は、システムや機器の中身が分からなくなった分だけ、本質的には使いにくいハード系になっているという問題が発生している。こういったことが背景になり、人と機械との狭間（マン・マシンインタフェース：Man-Machine Interface）にヒューマンエラー（人間の誤り：Human Error）と呼ばれる事象が起こる素地の1つがある。

ヒューマンエラーの定義は様々行われているが、ここでは、以下の定義を示しておこう。

「ヒューマンエラーとは、人間の行動または決定のうち、本人の意図に反して人、動物、物、システム、環境などの、機能、安全、効率、快適性、利益、意図、感情を傷つけたり壊したり妨げたものであり、かつ、本人に通常はその能力があるにもかかわらず、システム・組織・社会などが期待するパフォーマンス水準を満たさなかったものである」（芳賀、2003）。

アフォーダンス（Affordance）

マン・マシンインタフェースについて、最近、アフォーダンス

(Affordance)の考え方が注目されている。アフォーダンスとは、もともとはギブソン（Gibson）の造語であり、物の知覚された特徴、とりわけ、生活する者がそれをどのように使うことができるかを物側から示され決定を促される特徴のことを意味する。例えば、椅子は支えることをアフォードし、ボールは投げることをアフォードする。しかし、椅子が持っている高さという機能は足台に使うという別なアフォーダンスを与え、ボールの堅さはそれで物を叩くという別なアフォーダンスをも持っている。物を設計する時に重要なことは、「知覚されるアフォーダンス」、すなわち人間が知覚したとおりに具体的に素直に行動できるような性質を付与することである。過去に出会ったことのない装置でも、どのように扱えばよいか予想がつくのはこの知覚されるアフォーダンスが存在するからである。逆に言うならば、注意書きの必要な機器とは、そのデザインのどこかが間違っているものと言ってよい。我々の身の周りを見回してみれば、きっと1つや2つ、アフォーダンスを無視した機器が見つかるはずである。

フィードバック

最近の交通機関の券売機や金融機関のATM機は自動化され、その多くに「タッチパネル方式」が導入されている。しかし、それらはどうも使いづらい。関係のないところに触れてしまったり、反応が悪いとガラス面を強く押したりするなど、自分の本来の意図とは関係のない行動が出現してしまう。これらは、人間が操作したことに対して、その情報をたしかに受け取ったという機械側からの応答の仕方—フィードバック—に大いに問題があるためである。人間は、対象物に対して何らかの操作をすれば、その対象物から何らかの反応が返ってくることで、その対象物との関係を作り上げている。そのために、人間と機器との関係を考慮しないで作られた機器は使いにくいと感じるのである。

対応づけ

「対応づけ」もマン・マシンインタフェースに大いに関係がある。ノーマン（Norman, 1988）は、台所のコンロのつまみとバーナーの配置を例にして「対応づけ」の重要性を述べている。四角形に配置されたバーナーに対して、一列に配置されたコンロのつまみがどれに対応しているのか一目で分かるのであろうか、と。しかし、こういった対応づけの分かりにくい製品が押しつけられているのにもかかわらず、間違ってつまみをひねるとすぐに私たちは「ミスをした」と自分のせいにしてしまう。間違っているのはコンロのほうなのである。

自然な対応づけがあればその関係を1つひとつ学習する必要はない。人間に特別な学習を強いる機器や設備は、人間の自然な振舞いから外れた設計がなされていることになる。

マン・マンインタフェース（人と人の接点）

「人間関係がうまく作れない」、「上司と意見が合わなくて」というように人と人の関係（マン・マンインタフェース：Man-Man Interface）が問題になることもある。ここでは、人間関係を作る上で重要なコミュニケーションという要因を取り上げてみよう。

「言い間違い、聞き間違い」、このようなエラーは、洋の東西、時代の今昔を問わず毎日起こっている。コミュニケーションエラーはヒューマンエラーの王様だと言われている。

会話の原理

コミュニケーション手段の代表としては会話が挙げられる（携帯電話でのおしゃべりも、友達同士のチャットやメール交換もこれに当たる）。話し方だけで相手に対する印象が良くなったり悪くなったりする。したがって、会話は人間関係を作る上ではとても重要な要因であると言える。例えば、会話を

する時に、話し手が自由気ままに話したり、聞き手が勝手な解釈をしていたのではそれは成り立たない。何気ない会話でも、実は、そこには厳しい制約が働いているのである。以下にこの会話の原理をまとめておこう。

1. 量について：必要な情報をできるだけ多く提供し、不必要な情報は提供しない。
2. 質について：偽と信じていることを言わない。証拠不十分なことは言わない。
3. 関係について：関連のあることだけを述べる。
4. 話し方について：不明確な表現を避ける。曖昧さを避ける。簡潔に話す。順序よく述べる。

一般に、話し手はこれらの原則を守って話をし、聞き手は話し手がそれを守っていると仮定して聞いている。この前提に立って初めて話し手の意図した内容を解釈することができるのである。しかし、話し手のメッセージが聞き手に伝わらないのは、何も原則違反ばかりでもない。会話など音声で伝える時に、周りが騒がしい、文書を見るときに照明が暗い、など外的な環境要因によって情報伝達が阻害される場合も多々ある。

また、話す方が「聞き手はこのように受け取るはずだ」、一方聞く方が「話し手はこのように伝えているに違いない」、といずれかが思い込んで間違いが生じる場合もある。特に、慌てていて聞き直す余裕のない時などには、勝手な解釈が思わぬトラブルへと発展することも少なくない。さらに、人から人へと情報が伝わっていく間に、元の情報の詳しい部分が脱落したり（平均化）、元情報の一部が誇張された表現になったり（強調化）、情報を理解するため元情報に解釈を加えたり（同化）して変容することもある。したがって、「必要な情報は、いつでも、どこでも、誰にでも、すぐに正確に手に入れられる」ための原則を理解してコミュニケーション環境を整備することが必要となる。

コミュニケーション回路

今、ある仕事が依頼されてきたとしよう。チームリーダーは部下に仕事の手順をすばやく正確に伝えなければならない。こんな時、チーム内でのコミュニケーション回路がどのように構成されているかで情報伝達の速さや仕事の正確さが異なってくると言われている。バーベラス（Bavelas, 1950）やリービット（Leavit, 1951）の研究によると、コミュニケーション回路が、中心的メンバーと周辺的メンバーの分化をもたらす構造（車輪型やY型）のほうがそうでない構造（円型や鎖型）よりも、課題達成の効率のよいことが示されている。

すなわち、リーダーが中心となってメンバーに情報を伝達すると仕事はすばやく正確に行うことができる。その反面、周辺的な位置を占めるメンバーは、もっぱら限られた情報しか与えられず、言われたとおりのことしかできない。そのため、課題達成の満足度は低くなる。このように、どの

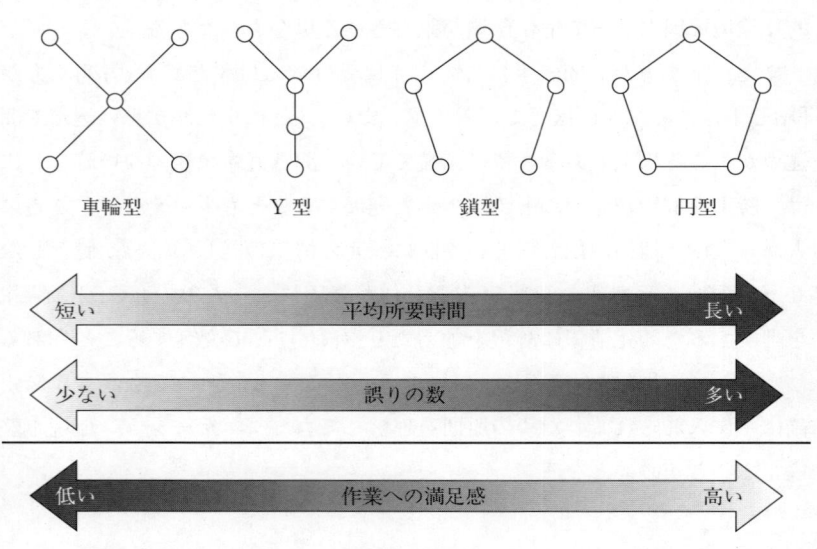

図 5-1　コミュニケーション回路の実験（Leavitt, 1951 より著者改変）

ような仕事でも、いつもリーダーが全ての指示を出すチームの構造では、メンバーはつまらない仕事だと思い始めてしまい、課題達成の意欲を失うことにもなりかねない。

マンヒムセルフ（Manhimself）

　時代が変われば人の心も変わる。今日、働く人々の心を変えた最大の要因は、仕事はシステムで行うという仕組みになったからだと言われている。つまり、個人プレーはシステムにとっては邪魔者と見られてしまう事態の出現である。個人はシステムのパーツに徹してもらわなければノイズとして排除されるという状況が現れたのである。その結果、個人が標準的なパーツに徹するために、作業にかかわる手段は全てマニュアル化という方向に突き進んでいる。このような環境の中に置かれると人間は、いわゆる「マニュアル人間」となり、マニュアル記載事項の他には何もしないという精神構造が育まれることになる。ファーストフード店に入った途端「いらっしゃいませ、何になさいますか」とマニュアル化された満面の笑みと共に無機質な挨拶に味気ない思いをすることがもはや日常化している。こういった個人の内部に育まれてしまうマンヒムセルフの問題も見逃すわけにはいかない。

熟練技能の喪失

　近年、多くの産業現場では熟練技能者の高齢化や退職に伴い技能が失われつつあり、その技能をいかに伝承するかが重要な課題となっている。これは安全の分野でも同じことである。ベテランは安全にそして効率よく仕事をするやり方を知っている。つまり、技能には自分の身を危険にさらさない側面も含まれると考えられる。

　これまで、技能習得は技能を持つ者（教授者）から技能を持たない者（学習者）へいかに伝えるかという視点から取り組まれてきた。しかし、このようなアプローチには限界がある。その欠落した視点とは「学習者側

が何を学習したいと感じているのか」であると指摘されている。

　安西（1991）は、技能習得を社会の在り方と個人との相互関係―社会的インタラクション―から捉える新たな方向性を示している。この考え方をより明確に打ち出したのがレイブとウェンガー（Lave, & Wenger, 1991）である。レイブらは、新人が学ぶのは実践の技能ではなく実践の文化であると主張する。実践の文化には、仕事をする自分は社会的にはどのような位置づけにあるのか、どのように他者から認められるのか、職場では何が重要視されているのかといったことも含んでいるのであって、決してその世界だけで閉じたものではないという。新人は、初めから職場という共同体の中心に位置することはできず周辺に位置せざるを得ない。新人が中堅となり、ベテランになり、リーダーへと移っていく。その過程の中では新人も含めた全員がその共同体への参加者である。そして、互いに参加者であることを認めることで正統性が生まれる。こういった新人は正統的周辺参加として位置づけられるという。

　「技能を全ての人間の機能に還元する『心理主義的偏向』には問題があり、技能は人間と道具と材料の三者にわたる総合システムである（狩野、1980）」との指摘がある。技能と言えば手で行う技能のことを意味する場合が多い。しかし、技能には、材質や環境条件などをどのように把握し、全体の作業工程の中で作業はどのように位置づけられるかを解釈し、作業するために何の道具が必要であり、どんな知識を用いるかなど、作業に対する認知の技能も大きくかかわっている。さらに、作業に対する状況解釈力や知識量をどの程度自分自身が持ち合わせているか、自分をモニタリングする技能、すなわち、メタ認知技能も重要な働きを担っていると考える視点である。

II　組織エラー（仕事のしくみから事故を防ぐには）

　「ケガと弁当は自分持ち」と言われていた時代があった。たしかに、自

分の身を守るのは自分でしかないといった個人の安全意識は大切なことであろう。しかし、多くの産業事故を分析してみると、現場で働いている人の気が緩んでいたからとか、安全を軽視していたからだとか、わざと間違ってやろうといったような理由から事故が発生しているケースはほとんどない。むしろ、一生懸命に仕事に取り組み、時には、求められる以上のことに気を配っていたがために事故に遭遇する場合のほうが多い。今では現場の個人だけが安全に気をつけるといった時代は過ぎ去り、組織として、システムとして「安全」に取り組む時代へと移ってきている。

安全アプローチの流れ

これまで、産業組織が多面的に「安全」について取り組んできたことは事実である。この安全に対するアプローチには幾つかの歴史的段階がある。まずは、組織による安全アプローチを以下のように再整理しておこう。

第1段階―技術的・ハード的アプローチ

これは設備や機器などの技術的要素の最適化によって事故防止を実現しようとするアプローチである。これによって災害や事故は飛躍的に減少し、それが有効であったことは間違いない。ただし、このアプローチには「信頼できない人間」を技術システムから取り除こうという背景的視点があった。

第2段階―ヒューマンファクターズアプローチ

技術的・ハード的アプローチでは根絶しきれない問題が浮かび上がってきた。それは、作業現場の人間とその作業環境とのマッチングの悪さに起因する事故である。そこで、人間と機械・装置との関係を改善し、適切な選抜と教育・訓練によって、仕事をする人の能力を最適化するために人間への投資が図られるようになった。これがヒューマンファクターズアプローチである。

第3段階―組織要因アプローチ

技術的アプローチやヒューマンファクターズアプローチによって、大幅

に事故や災害は減少してきた。しかし、昨今、発生している事故を見てみると、技術的な問題でも、作業に従事している個人の問題でもなく、組織としてのシステムに問題があることが明らかとなってきている。この観点から、組織全体を通じた技術的・個人的・管理的・体制的要因の相互関係から事故防止を図るといった、組織要因からのアプローチが重要視されている。このアプローチでは、安全は組織体の上層部を含めたシステム全体としての技術的・個人的・管理的・組織的要素の相互関係の中にあるとする考え方である。

現在のところ、この組織的アプローチは、扱おうとする要素間の関係が複雑なためほとんど解明が進んでいないが、組織内外の関係者（現場作業者、管理者、経営者、規制当局、研究機関）を含めた、より包括的な枠組みとして捉えるこのアプローチは今後は主流になると考えられている。

この安全アプローチの潮流に伴い、安全確保は現場という末端部に依存すべきではないと考えられるようになってきた。つまり、組織自体がその組織全体をどのように管理するのか、規制側はその組織が安全性を維持・向上させていることをいかに監査するのか、こういった組織体の上流部に安全の主たる本質があるとの認識が高まっている。このような流れを見ると、当初は組織内システムの局所部・末端部に対して求められた「安全」という課題がより上流部へと及び、総合的に捉えざるを得ないというスタンスへと移ってきたと言えよう。このような潮流の辿り着く先として、後述の「安全文化（Safety Culture）」という言葉が生まれたのであり、それは安全の本質に着目する必要性を促したキー概念となっている。

組織事故

これまで日本は最も安全な文化を誇る国の1つとして自他共に認めてきた。しかし、こうした事故の少なかった期間でさえも、危険は潜在していたと言えるだろう。ここ最近、誰でもが知っているような企業での事故や不祥事が次々と報道されている。

先に述べたように、幾つかの安全アプローチが各組織においては採られている。特に高度技術を駆使するような産業では、何層にもわたる工学的・組織管理的・人的防護層が優先的に構築されている。そして、この深層防護への信頼性は高く、安全は十分確保されているとの認識が広まってはいる。

しかし、この深層防護層それ自体が事故を発生させる原因ともなり得るとの指摘もある（Reason, 1997）。一見防護の各層は健全であるように見える。しかし、現実の世界ではそれらは全て欠陥を有しているという。その欠陥をすり抜けて発生するのが組織事故（Organizational Accident）だとの指摘である。

スイスチーズモデル

組織事故を表したモデルとしてリーズンのスイスチーズモデルがよく知られている。このモデルでは、各防護層はいずれも弱点を持っており、そこには空隙や穴があり、その穴が重なった場合に組織事故が発生するという。

こういった穴はきわめてダイナミックであり、どの穴も状況に応じて動いたりその位置を変えたり、また開いたり閉じたりするという。これらの穴は主に次の2つの理由によって生じるとされている。

第1の理由は、現場で作業に従事している人々に起因する穴である。ヒューマンエラーやルールからの逸脱があると、そのためにシステムに短期間の隙間ができてしまう。例えばチェルノブイリ原発事故の場合、運転員たちはその時点ではこれでよいという判断に従って、安全システムのスイッチを次々と切っていった。彼らは自分たちの行動によっていくつもの防護層に次から次へと穴を作っていったのである。

第2の理由は、間違っていなくとも発生する潜在的リスク条件の穴である。組織での経営レベルの決定も、間隙や穴を防護の中に生じさせる可能性がある。その時点では正しいと思われる組織上の決定であっても、現場

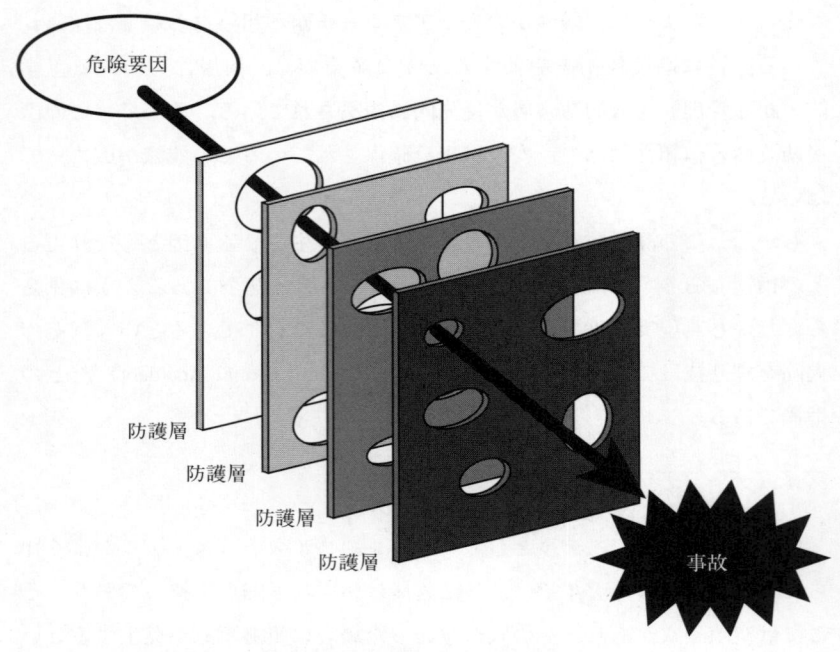

図 5-2　スイスチーズモデル（Reason, 1990 より著者改変）

においてエラーを誘発する要因になり得る。局所的な何らかのきっかけがあった時、潜んでいたリスクが顔を出し、1つの道筋となって次々と穴を通り、事故が発生してしまうことがある。

　このように、組織の中で働く人々によって開いてしまう穴（短期的要因）と組織のシステムの中に永続し潜んでいる穴（長期的要因）の両方が重ね合わさった時に組織事故が発生するという。

　これらの穴は動いたり開閉したり、また揺れたりするため、事故の矢がこれらを通り抜けるということは非常に難しい。したがって、事故が発生するのはきわめて稀ということになる。しかし、いったんそれが起きると恐ろしい結果を招くこととなる。

組織事故の特徴

このような視点から歴史を振り返ってみても、アメリカにおけるTMI原発事故、インドのボパールでの化学プラントによる事故、宇宙船チャレンジャー号事故、チェルノブイリ原発事故、JCO臨界事故などを組織事故として挙げることができる。これらの事象は全て、組織事故としての以下のような特徴を有している。

① 事故を引き起こす要因は組織のどのレベルでも生じ得る

高度技術を駆使し、何層もの防護層で防護されたシステムでは、単一の人的あるいは技術的な問題があってもその影響を免れるように構築されている。こうした防護を通り抜けて事故に至るには、いくつかの異なる要因が重なり合い、複合している。

② 組織事故を生み出すには長い歴史がある

組織内の潜在リスクは、通常は数年単位、場合によっては数十年という単位の長い期間を通じて、事象や要因が知らず知らずのうちに温存される。それが、局所的要因と重なり合って顕在化し事故へと発展する。

③ 組織事故は多くの防護層を貫通して発生する

組織事故は、事故の矢が多くの防護層を貫通した結果、弱い部分(人・組織・環境)に甚大な影響をもたらす。

以上のことをまとめて、組織事故は、組織の至る所に存在する長期間の潜在リスクが短期間の局所的事象と結びついた時に起きる、と定義することができるであろう。つまり、組織内に潜伏するリスクが、ほんの少しのエラーやルールからの逸脱などを引き金として局所的な事象と結合し、防護の層が貫通されることになる。

組織事故からの視点

組織事故を考える際に最も重要な視点は「なぜ防護層や安全機構が機能しなかったのか」ということである。

この問題へのアプローチとして、第1段階として、「システムと直接に接する人々、人間と技術の間のインターフェイスに関与する人々、およびその他関係者が安全に反した行為をしなかったか」という点を考えてみるステップがある。安全に反したこれらの行為は、次のような形態をとるものである。

①行動計画そのものは正しかったが、コミッションエラー（Commission Error）または些細なオミッションエラー（Omission Error）により計画で必要とされている行動をとらなかった場合。

　　注）Commission error：いわゆる、やり忘れエラーである。決められた手順などを脱落させてしまう場合である。
　　　　Omission error：いわゆる、やり損ないエラーである。実施した内容が目的通りではない場合である。

②これとは別に、計画に従って首尾一貫した行動を取ったのに、計画がまずかった、計画の中では、その環境に存在する全ての必要な特徴が考慮されていなかったという場合。

③それに加えて、人々が意図的に安全運転の手順に従わないことにした、という状況もある。それは悪意による行為ではなく、その時点ではそれが良いと思われたからそうする場合である。時にはとにかく仕事をやり終えるためにこうした行動を取らざるを得ないこともある。こうして逸脱行為が発生し、規則を守らない行動が取られる場合。

　これらの行動はいずれも、現場と呼ばれる末端の部分で生じる。しかしどのエラーも単独で起きるわけではない。ここでの重要な視点は、こういった行為は事故の原因ではなく結果である、という視点である。例えば、差し迫った期限があったり、また計器の表示が不明確だったり、設計が悪かったり、伝達された情報が曖昧であったりすることなどが不安全な行動を引き起こす。さらに、監督不行き届きによることもあろうし、必要な技能、知識、経験を持った人がいなかったという場合もあろう。これらは全て、組織の中に存在する要因である。

次の段階としては「時間的制約、不適切なツール、人員不足など」を考えてみよう。これらの要因は組織の末端部ではなく、トップレベルのマネジメント方針、組織目標や実施計画の策定、工程・予算作成・メンテナンス・安全管理に関する決定など、組織上のプロセスの結果として生じる。すなわち、真の事故原因を突き止めるには組織に存在する潜在的なリスク要因を抽出し、それに対する対策を構築しなければ、いつ何どき組織事故が起こってもおかしくないということになる。

コラム：ハインリッヒの法則

アメリカの安全技師ハインリッヒ（Heinrich, H. W., 1959）が重大な傷害の起こる可能性をモデル化したものがピラミッド型の「ハインリッヒの法則」である。

ハインリッヒの法則によると、1件の重大な傷害の陰には29件の軽微な傷害があり、さらに、この軽微な傷害の背後には300件にもおよぶ傷害にならない事象が隠れているという。この事象を、日本の多くの産業界では「ヒヤッとした、ハッとした」という意味でヒヤリハット事象と呼んでいる。さらに、このヒヤリハット事象の背後には、無数の不安全行動や不安全状態があると指摘されている。

ハインリッヒの法則は単に1：29：300の発生件数の割合を示したものではない。重大事故に至るかヒヤリハットで済むかは偶然の産物であり、これは人間がコントロールできるものではない。したがって、重大事故もヒヤリハットも発生原因においては同じである。そのため、人間がコントロールできる要因は、この不安全行動や不安全状態であり、これらを減少させることによって傷害に至る確率を少しでも減らすことが必要である。これが、ハインリッヒが強く主張しているポイントなのである。

III 安全文化（みんなで事故を防ぐには）

「第三者からは無謀なリスクを冒しているように見えても、その当事者にとってはいつもの当たり前のことをしているだけ」。これが組織事故の特徴的な共通点として見出される。1999年に臨界事故を発生させたJCO

にも厳格な臨界制限値管理があった。しかし、それが時間と共に様々な影響を受けて形骸化し、その一方で、その組織にのみ通用する手続きや基準—巧みにすり抜けるシステム—が構築されていったのである。

このようなリスクの本当の怖さは、そのシステムが組織内部では誰も明確に意識しないうちに作られ、誰もそのことを意識しないことにある。つまり、組織事故は組織の中に誰の目にも見えない閉じた文化が形成された結果であるかのうようである。現在、「安全文化（Safety Culture）」という概念が注目されているのはこういった背景から生まれてきたものである。

安全文化とは何か

もともと、「安全文化」という言葉は、1986年に発生したチェルノブイリ原発事故に対する国際原子力機関（IAEA）の調査報告書「チェルノブイリ事故の事故後検討会議の概要報告」（INSAG-1、1986）の中で初めて提唱された概念である。その後、この概念は「プラントの基本安全原則」（INSAG-3、1988）において改訂されている。この2つのレポートを契機に安全文化は原子力産業界では重要な概念としての位置を確保している。そして、安全文化は「安全が全てに勝る優先度を持ち、その重要性に見合った注意が確実に反映されるよう働きかける組織機能と個人態度の集積である（INSAG-4、1991）」と定義されるに至っている。

この定義の意味するところは、安全文化とは個人の態度を表すものであると同時に、組織的なもの、すなわち機関と個人の双方を含めて、安全問題に関して適切に対処することを求めていることになる。そして、IAEAは、組織内の3つの階層レベル（個人レベル、管理レベル、ポリシーレベル）のみならず、安全文化に影響する3つの主要な組織（政府、事業者や発電所、研究機関やメーカーを含む協力会社）の枠組みにまで言及している。つまり、安全は、関係する誰もが共通の目的に貢献した時にのみ、達成できると指摘しているのである。

現在では、安全文化は、原子力産業界にとどまらず、他の産業界でも受

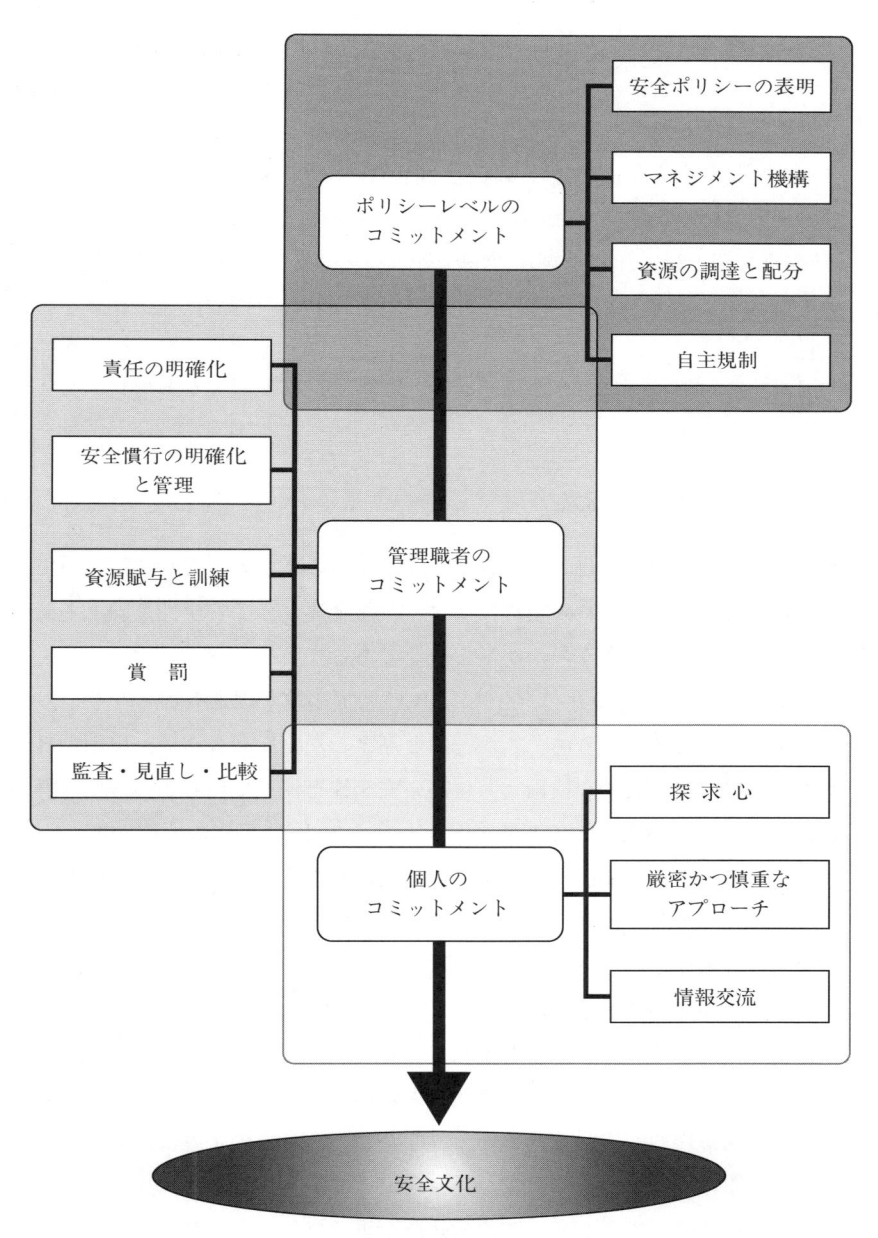

図 5-3　安全文化の構成枠組み（INSAG-4、1991年より）

け入れられるようになり、この概念は様々な事故解析の中で議論され、研究者や安全関係者ばかりでなくエンジニアや経営者等の関心も呼び起こし、災害に影響する要因として無視できない存在となっている。

その後、安全文化は研究の多様化に伴い様々に定義されてきた。その中で、英国健康安全局の ACSNI (1993) の定義を紹介しておこう。

「安全文化とは、組織の健康と安全管理へのコミットメント形態を規定する個人および集団の価値観、態度、知覚、能力、行動様式の産物である」。

現在、この定義は最も包括的であり、安全文化の大部分を表現しているとして多くの支持が得られている。

安全文化の具体化のために

現段階では、安全文化の定義自体に固執することに大きな意味は見いだせない。むしろ、いずれの定義にせよ、組織全体として安全性を向上させるにはどうすべきであるのかが最も重要である。

日本においても 1999 年に発生した JCO 臨界事故が促進要因となり、安全文化概念を具体化するニーズが一段と高まった。なぜならば、以前の日本の産業界には、高度な技術と共に高い安全性を保っているといった「神話」が存在していたからである。しかし、この JCO 事故の原因が明らかになるにつれ、その原因はどの組織でも起こり得る事象であることが明らかとなった。そして、対応策として安全文化の構築が果たされなければ産業現場の安全性も確保されないとの考え方が一般的なものとなった。しかし、この重要性の認識に見合うほどには、この概念の各組織への定着は不十分であり、停滞しているのが現状である。

この停滞原因の第 1 は、安全文化概念の抽象性にある。これまでも安全文化の定義は幾つか提唱されている。しかし、これらの定義は産業現場で受容されるほどの具体性には未だ乏しい。

また、第 2 の原因として、この曖昧だが重要だと認識される安全文化を

組織内で具体的に展開する方法が提示されていないことも挙げられる。ウィルパート（Wilpert, 1991）も指摘するように、安全文化概念が精神主義的認識論に偏っており、そのために根源的な安全に目を向けた具体的な行動へと発展しないのである。

IAEAの視点

現在、あらゆる産業界で、「安全文化」という言葉は広まっている。しかし、安全文化そのものの考え方の浸透や定着は不十分なままである。この状況を打開するために、改めてINSAG-4（1991）に着目する必要があるように思われる。

このレポートには「（組織の安全文化に関与する）組織体制や個人態度は目には見えない（intangible）が、詳細に観察すると目に見える特徴として把握される」と指摘されている。また、安全文化が個人態度と深く関連すると同時に、組織の問題でもあることも随所において強調されている。そこで、この観点から導き出される2つの重要な視点を述べておこう。

第1の視点：「安全文化は言葉で表現されただけでは目には見えないものである。しかし、ある組織を詳細に観察すると目に見える特質として把握されるものでもある。それゆえ、組織の背後に存在する、この『あるもの』を検証する方法を作り上げる事が必要である」。

第2の視点：「健全な手続きや良き慣行も機械的に実施されるだけでは不十分である。安全上重要な任務が、正確に、油断無く、十分な知識、健全な判断、適正な責任感をもって遂行される事が必要である」。

第1の視点は、文化という「目に見えないものをどんな方法で目に見えるものとするか」について述べている。考えてみれば、どのような組織でも、必ず何らかの文化なるものは存在するはずである。それが今、目に見えないのは、見える形にする方法の吟味が十分でないからだという指摘である。その方法の具体例としては、詳細な「観察」という方法が挙げられている。さらに、もう1点付け加えておきたいポイントがある。それは、

ここで言う「観察」の背後にあるもの、すなわち「視点」の重要性の指摘である。従来の慣行、保守的態度、あきらめ、単なる義務感などからの観察では何も見えてこないことを知っておかなければならない。

　第2の視点は、実行段階での留意点について述べたものである。たとえ形式が整い、新しい文化が理念として表明されたとしても、その具体化には、常に実行プロセスがフォローされていなければならないという意味の指摘である。中でも、各階層の「責任感」が継続的に維持されることの重要性が説かれている。えてして管理者は、方針を唱えれば計画は実現されるものと考えがちである。しかしながら、「フォローのない計画は実行されない」のが現実の姿である。「言い放し」では実行もそして実効も生まれない。

安全文化へのアプローチ

　往々にして、「安全」といった抽象的な概念について研究者は、従業員の「心の問題」を安全に対する態度や意識として質問紙調査することがある。例えば、「あなたは安全に関してどの程度責任ある行動をとっていますか」といったような一連の質問を行い、その結果を安全態度に関するスケール上の点数として表現する。そして、過去数年間の事故率と安全態度の間には、強い相関が見出されたと結論づける。

　しかし、ここには誤解を生み出しかねない大きな問題がある。たとえ、従業員の安全態度や安全意識が低いことと事故率に相関関係があったとしても、それは何ら因果関係を説明するものではない。態度や意識が低かったから事故が発生したのではなく、安全に対する態度を低下させる何らかの原因があり、それが態度や意識と結びつき、その結果、事故が発生しているのである。人間の不安全行為を生み出させる要因を明確化し、それが事故といかなる関係があるかを決定できなければ組織に潜むリスクを低減させることにはつながらない。

　本来、このような個人の心理的傾向を直接的に第三者が介入して変えさ

せることには無理がある。つまり、安全態度や安全意識は直接にコントロールできる要因ではない。そこで、考えてみたいのは「心の問題をどのようにして具体的手続きに還元するか」である。コントロール可能な変数、すなわち、体制的側面（例えば、「組織としての方針の確立」「情報チャンネル」「トラブル処理体制」「規則・文書の策定の仕方」など）の方向からアプローチすることこそが実用性を持つであろう。リーズン（Reason, 1997）も指摘するように、この体制的側面からのアプローチによって初めて態度や意識といった心理的側面も変容させることが期待できると考えられる。

参考文献

安西祐一郎「認知科学における学習モデルの研究」日本認知科学会編『認知科学の発展』Vol. 4、講談社、1991年

ホーキンズ、F. H.（黒田勲監修）『ヒューマンファクター――航空の分野を中心として――』成山堂、1992年

ノーマン、D. A.（野島久雄訳）『誰のためのデザイン？――認知科学者のデザイン原論 新曜社認知科学選書』新曜社、1990年（Norman, D. A. 1988. *The Psychology of Everyday Things*. New York: Basic Books.）

芳賀繁『失敗のメカニズム――忘れ物から巨大事故まで』角川文庫、2003年

リーズン、J.（林喜男監訳）『ヒューマンエラー――認知科学的アプローチ――』海文堂、1994年（Reason, J. 1990. *Human Error*. Cambridge University Press.）

リーズン、J.（塩見弘監訳）『組織事故 起こるべくして起こる事故からの脱出』日科技連、1999年（Reason, J. 1997. *Managing the Risks of Organizational Accidents*. Ashgate Publishing Limited.）

レイブ、J. & ウェンガー、E.（佐伯胖訳）『状況に埋め込まれた学習――正統的周辺参加』産業図書、1993年（Lave, J. & Wenger, E. 1991. *Situated Learning : Legitimate Peripheral Participation*. Cambridge University Press.）

6章

健康とのかかわり

　最近では、3K職場といわれるような「きつい」「汚い」「危険な」職場が特に若者に嫌われている。たしかに、これらの物理・化学的な環境は肉体的にも精神的にもつらいものである。はからずもこのような職場に就職してしまった人は、そこにいるだけでもうストレスを感じてしまうのであろう。しかし、本章では、現在、最も多くの問題事例が職場から報告されている人間関係に起因するストレスに焦点を絞って記述することとする。

I　職業ストレス発生のモデル（ストレスはどうして発生するの）

　はじめに、職業性ストレスモデルといわれるものを紹介しておこう。下の図は、NIOSH（National Institute for Occupational Safety and Health；米国国立職業安全研究所）が発表しているモデルに筆者が少し手を加えて書き直したものである。

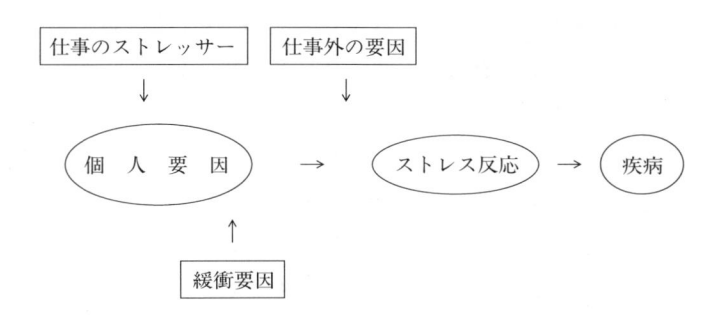

```
  ┌──────────┐  ┌──────────┐
  │仕事のストレッサー│  │ 仕事外の要因 │
  └──────────┘  └──────────┘
        ↓              ↓
     ╱─────╲      ╱─────╲      ╱────╲
    (  個人要因  ) → ( ストレス反応 ) → ( 疾病 )
     ╲─────╱      ╲─────╱      ╲────╱
        ↑
    ┌──────┐
    │ 緩衝要因 │
    └──────┘
```

このモデルの言わんとするところは、個人は、仕事からはもちろんであるが、それ以外にも様々なストレス発生要因に取り囲まれて生活していること、また一方、それらを和らげる要因（緩衝要因）もまた生活の中に存在すること、以上の２つをまず示し、これら両者のバランスが危うくなった場合にストレス反応が生じ、これが放置されたままの状態が続くと、やがては疾病に至るというプロセスを明らかにしようとしたものである。

では以下に、このモデルに示された個々の要因について説明しておこう。

なお、個々の事項や各説明概念については、事例の章において具体例を取り上げたものがあるので、それらを参考にされると理解が促進されるであろう。

仕事のストレッサー

個人が職場で受けるストレスの原因となるもの全てを仕事のストレッサーと呼ぶ。

仕事外の要因

個人の生活上の出来事。
①**家族の問題**：子供の不登校、受験、学校でのイジメ、非行、家出、家庭内暴力、交通事故、病気、親の介護など
②**個人の出来事**：失恋、病気、転居、借金、近隣とのトラブル

これらのストレッサーから大きなストレスを感じる場合が多い。特に、この私生活上のストレスと仕事上のストレスが同時に襲ってきた時に、個人の精神生活はバランスを欠くことになる。

個 人 要 因

その人自身の脆弱性（ぜいじゃくせい、弱さ）とか、強さと言える。具体的には、個人の性質であり、性格、年齢、性別などである。同じストレッサーがあっても、人により、受けるストレスに大きな差がある。それがそ

の人のストレスに対する強度である。例えば、受験に失敗しても平気な人もいれば、ひどく落ち込む人もいる。失恋しても、会社が倒産して失業しても人により受けるストレスは違う。

ただ、注意しておきたいことは、同じ仕事でも能力のある人には易しくて、能力のない人には難しいという点である。この能力のあるなしを個人要因とは呼ばない。この場合は、易しい仕事とか難しい仕事と呼ぶ。また、会社がイヤになれば、会社に見切りをつけて退職し、自分に合った会社を見つけて就職する人もいれば、不満をもらすだけで現実的には何も解決行動を起こさない人もいる。つまり、ストレスを受けやすい、またその対応をうまく取れない人もいる。

さらに重要なことは、周りからサポートを多く得るかどうかにも個人的要因が影響している。普段、人との付き合いが良い人は、周りからの援助を受けやすい。仕事のストレスに関しても、自分のできないことを「できない」と言って、はっきり断れる人もいれば、できそうもないことを引き受けてしまう人もいる。仕事のストレッサーを多くするのも少なくするのも個人の要因が強く影響する。

緩衝要因（周りからの支援）

会社での、上司、同僚（部下も含む）からの支援、私生活では、家族、友人、恩師などからの支援などをいう。こういう支援があるかないかで、ストレスを受けた後の反応が違ってくる。

ストレス反応

ストレッサーに反応して、ストレス反応が個人に生じる。具体的には、心理・生理的な反応として、抑うつ状態、無気力、不眠などが生じる。また問題行動として、事故（交通事故、労働災害）や欠勤・遅刻が増えたり、アルコール問題が生じてくることもある。これを、職場の3Aと呼ぶ。それらは、Accident（事故）、Absenteeism（欠勤）、Alcoholism（アルコー

ル依存症）である。

II　ストレス発生職場とはどんなところ（どんな職場で発生するの）

人事異動に伴い仕事内容に変化がある場合

　①中途採用者（通年採用者）の問題：新卒採用者には教育プログラムが用意されているが、中途採用者には十分な教育プログラムが用意されていない企業も多いようである。新卒者は、大勢が一時期に入社するので、教育プログラムを作りやすい。一方、中途採用者は、時期的にばらばらに入社しその数も少なく、また、1人ひとりの能力にも差がありすぎる。したがって教育計画が立てにくい。

　さらに、年齢的にも、ベテランの域に達している人にどのような教育をするべきか企業に経験が浅くまだ十分なプログラムを持っていない。したがって教育が十分になされないまま、実務につき、仕事が分からないという苦しみを味わうことになる。

　日本では新卒者を毎年4月に採用するのが普通であった。中途採用は、これまで日本ではあまり多くなかった採用形態であるが、即戦力を採用したい企業が多くなり、これからはさらに、この中途採用者の教育は大きな問題となるであろう。

　②昇進した時：社内で地位が上がると、それまでとは違った能力が要求されることになる。特に管理職に昇進した場合には、作業能力に加えて、管理、対外折衝の能力が多く要求され、それがストレスになることも多い。

　③配置転換：会社の都合で、自分が希望していないのに今までと全く違う職種に移ることもある。中でも、技術から営業に移ったような場合に適応困難になるケースがよくある。逆に事務や営業から技術に配置転換することは稀なので、このような不適応のケースを見ることは少ない。

　④職業適性：営業の仕事では、対人関係・折衝能力が必要であるが、技

術者の中にはこれらが苦手な人もいる。学生時代には、あまり重要だとは認識されていなかったが、実社会で重要になってくるスキルがある。コミュニケーション能力、趣味、遊び、異性との付き合いなどがそれらである。これらは特に事務・営業などには必要な能力である。

社員の能力と、仕事の難易度に大きなギャップがある場合

仕事が思うように進まず、納期（締め切り）が迫ってきても完成のめどが立たず追い詰められる。そして誰にも相談できず、中には会社に出ないで、行方不明になる人もいる。

ソフト技術者が仕事に行き詰まり、会社からも家からも逃げてしまう例がある。これをソフト技術者の遁走と言い、一時期多くの会社で見られた。これは、技術者のスキル不足が原因の1つである。長時間残業しても、思うように進まない。時間をかけてもできないのだが、周りの人に能力不足だと思われることを怖れて、会社に遅くまで残り、また休日も会社にでる。しかし仕事に手がつけられない。先が見えない。1人で苦しむようになる。

ここ数年、過労自殺が問題になっているが、それらは単純に過労からくる自殺ではない。過労になるまで働いても、先が見えない。納期に間に合いそうもなく、追い詰められる。責任を問われるのではないか、上司にひどく怒られるのではないか、会社に損害を与えるのではないか、取引先に迷惑をかけるのではないか、プライドが傷つく事態になるのではないかなど、悪い結果が頭に浮かび夜も眠れず悩む。このように追い込まれて、逃げ出したり、うつ病を発症したり、自殺を考えたりするのであるが、そういう人に対して、一般の人は「なぜ周りの人に助けを求めないのか」「自殺するくらいなら、なぜ会社を辞めないのだろう」と不思議に思うかもしれない。

ここで、追い詰められても会社を辞められない心理を理解する手助けとなる説明概念を説明しよう。

自分は今まで、立派な人、有能な人、心正しい人のふりをしてきた。し

かし、自分の正体は、価値の低い、無能な、心の汚い人間である。そして、その正体を人に見捨てられてしまうと感じる。

こういう気持ちがあると、いまさらみじめな自分をさらけ出すのがとても怖くなり、辞めることもできず、「みんな手伝ってください」とも言えず、悩むのである。

コラム：「対策」教育訓練と人材の流動化

[スキルの教育]

会社は、社員を採用して、社員の教育に多くの時間と費用をかけている。社員の能力不足を補うためには、教育を充実していくべきだが、人材が流動化するような時代になると、自社の社員に教育訓練を施しても、その社員がすぐに他社に流れ出てしまう恐れがあると、なかなか安心して教育訓練ができない。例えば、海外の日本企業が現地の社員を教育すると、教育が終わったらすぐに、そのスキルを売り物にして他社に移ってしまうケースがよくある。また、日本でも海外留学をさせた社員が、日本に戻ってすぐに他社に移り、元の会社と関係が悪くなった、という例もある。すぐに他社に移る恐れのある人に多くの教育費をかけるだけの余裕がない企業も多い。

一策として、会社が語学教育受講などの資金的な援助を行い、本人側にも一定の負担を条件に自己啓発を促すなどの援助が考えられる。

[メンタルヘルス教育]

作業能力だけでなく、追い込まれた時に、気晴らしをしたり、周りに助けを求める力を養うようなストレスマネージメントの教育も重要である。

例えば、ソフトウェア技術者の遁走の例でも分かると思うが、納期に間に合わなくて、行き詰まり、逃げ出した場合でも、放り出した仕事はその後、部署全体で協力して完成させたという例もある。逃げ出さなくても、周りに助けを求めれば済むことを知らせるべきである。

また、これまで述べてきたことと反対に、仕事の難度が自分の能力より低い場合も問題が現れる。仕事が簡単すぎて、自分の能力が発揮できない。またはこの仕事を何年しても自分の能力が伸びない。その経験が財産にならない。このような場合もその職場にいることが辛くなる。中には、思い切って会社を辞めて他社に移る、という解決をする人もいる。会社にとっ

てはせっかく採用した人材を失うことになる。

仕事の量が多く労働時間が長い場合

　仕事はさほど難しくはないが、仕事量がとても多く、毎日残業しても終わらず、休日も出社して仕事をするようなケースがある。それが数ヶ月で終わるようなら大きな問題ではないが、半年以上とか1年以上も続くような場合、仕事そのものからのストレスは大きくはなくても、私生活が充実せず、潤いのないものになっていることがある。家族と食事をしたり、一緒に旅行に行ったり、映画や音楽や読書を楽しんだり、異性と付き合ったりするような普通の生活ができないことになる。目が覚めている時は、会社にいるか、自宅で掃除や洗濯など家事をしているだけになる。

　過労死や過労自殺の問題がマスコミなどで取り上げられているが、単に仕事が多すぎて自殺する、というケースは稀である。むしろ、前項で述べた、難しい仕事をこなせず、納期が迫ってきているのにどんなに残業して頑張っても、見通しが立たない、そういう場合が危険なのである。

希望した職種と違う職種に配置された場合

　自分のやりたいと思っていた仕事につけなかった場合、自分の能力を否定されたような屈辱感を味わう。また、希望をかなえてくれる約束を裏切られたような気持ちになる。このようなミスマッチが発生する場合に備えて、入社後、社内募集や、フリーエージェント制度などで、社内での人材の流動化を促進することも良い対応策ではある。ただ、この制度も実際の適用には難題もある。例えば、人気のある部署に希望者全員が移れるはずはなく、また、人気のない部署から人がいなくなる恐れもある。人気がなくても、どうしても会社にとって必要な部署は存在するのである。

　　注）フリーエージェント：入社後5年経過とか、ある条件を満たしたものは、フリーエージェントを宣言して、上司の許可なくても社内の他の部署に自由に移れる制度。プロ野球で使われている制度を一般の企業が使うようになった。

自分の希望した地域ではない職場に配置された場合

　最近では自分の育った地域や、親元を離れたくないという希望を持つ人が多い。一昔前は、社員はどこの職場・地域に配属されても文句は言わない風土があった。しかし、現在では少子化の影響もあって、子供（会社員）が地元を離れるのを本人も親も嫌がるケースが多い。採用時に、初めから職場（地域）を決めて募集する。あるいは、転勤はない、と約束して募集する。しかし、このように条件を定めて採用しても、状況の変化から転勤や配置転換をしなければならないこともある。また、転勤はないという条件つきだと、将来の昇進が遅くなる企業もある。

給与が少ない、もしくは自分の能力にふさわしい地位に就けない場合

　給与が少ないということは生活に不自由なだけでなく、プライドが傷つく。自分の能力が正当に評価されているという実感が得られないと、とても不満を感じる。

　これは、1つには人事制度にも問題がある。日本の会社の人事制度も現在は変化しているところである。以下の3つの人事制度が現在の日本には混在している。

　①年功序列型：経験年数が増えると、能力も向上し会社への貢献度が増すようになる、という前提で設けられた制度である。しかし、技術の進歩と共に若者の能力のほうが高いという場合も多くなってきている。

　②能力主義：（成果が能力だとして、成果主義を能力主義という場合もあるがここでは、一応別物とする）能力を重視した昇給、昇格制度である。これは能力を客観的に計ることができ、その能力によって、成果が得られる、という前提に立っている。しかし、能力を計る物差しがあるかどうかには問題がある。

　③成果主義：成果に基づいて、昇給昇格をする制度。成果は客観的に計り得る、そして、成果をあげた人の能力が高い、という前提をこの制度は

立てている。しかし、職種の違い、例えば、営業と技術と事務の成果をどのように比較ができるかは疑問である。

バックアップがなく、責任が失敗した個人に帰される場合

失敗した場合に、現実には、個人が責められることは稀だが、本人は責められると思って追い詰められている。仕事が達成できなかった場合のストレスは、実はこの点にある。

その人自身が後始末しようとしても、取り返しがつかない程大きな失敗をした場合には、ストレスが高まる。これらは組織の問題とはっきり認識させ、組織全体が責任を負うようにしなければならない。例えば、病院での医療ミスを例にとって考えてみよう。ミスを犯した人が1人の看護師だったとしても、看護師個人の問題として、1人を責めるのではなく、病院全体の問題として、責任を取り、善後策を採るようにすることが必要である。医療ミスはないほうが良いに決まっているが、ゼロにすることは無理である。

上司の管理方法に問題がある場合

最近では、パワーハラスメントという言い方もある。上司が部下のミスを責める、それも大声で感情的に怒鳴る。失敗した部下の能力を徹底的にバカにしたり、やる気がないなどと言って責め立てる。

また、上司の文句の言い方が乱暴である。言っている内容は間違ってないので部下は反論できず、怒られっぱなしになる。ひどい場合、上司が部下に暴力をふるうような事例もある。しかし、このように部下を上手に叱れない管理職だけが悪いのかというとそうでもない。このような人を、管理職に昇進させたその会社にも大きな責任がある。

管理職のマネージメント能力不足の場合もある。例えば、事務職場で、事務処理の巧みな人を課長に昇進させる。そもそも事務処理能力と、マネージメントの能力は異なるのだが、そのような昇進の方法を採っている企

業も多い。そしてそのような管理能力のない人が管理職になり、部下の心を傷つけたり、仕事が進まなかったり、あるいは自分で苦しんだりする。

最近は社員同士が電子メール（e-mail）で会話することが多い。電子メール（e-mail）は、「あなたのヒマな時に読んで下さい」という形であり、電話や直接の会話と違って「おじゃまします」と言って割り込む必要がない。また、直接反論されないので、何かを頼むときなどには頼みやすい。

本当は、顔の表情や口調などに情報が多いのだが。顔をあわせて話すことをしない。そういう直接的な対話のない対応をしていると、コミュニケーション能力が伸びない。最近ではそのような対人関係能力の低い人でも管理職になっていく。そして管理職が電子メールで指示を出す。読んだ部下が、どう思ったかが上司には分からない。その結果、上司の指示が部下にうまく伝わらず、部下の気持ちも上司に伝わらず、部下が1人で悩む事態が生じる。

その他、病気に理解のない上司も困りものである。部下が不調になった時、心配しない。気遣いがなく、怠けていると思う。仕事ができないことを、全て「なまけ」としか思わない上司の下で働くことはストレスである。また、精神科の診断書を出して休む部下のことを「なんだ、あいつはノイローゼだったのだ」と職場の皆に聞こえるように、馬鹿にしたように言う。偏見に満ちた、優しさのかけらもない上司の下もつらいものである。

性差別のある職場の場合

女性が給与や昇進で男性に差をつけられている企業もまだある。男女雇用機会均等法が施行されて長い年月が経つが、いまだにそういう職場がある。女性の能力も成果も年功までも無視している。そういう職場に働く女性のストレスは容易に想像できるであろう。あまりの差別に勤め先の会社と民事訴訟を起こしているケースもある。

セクシャルハラスメント、特に女性を不愉快にさせる職場がある。男性の上司や先輩が女子社員の体や服を気安く触る。飲食に誘い性的に困らせ

る。あるいは飲食にしつこく誘い、断られると女性に嫌がらせをする。仕事に必要な情報を与えなかったり、昇級昇格で不利な扱いをする。このような事態は、心理的な問題以前に法律違反である。このような問題を相談できる窓口を社内に設けておくことが必要である。

人間関係が悪い職場の場合

　社内での付き合いが減っているせいか、職場内の人間関係が淡白になっている。

　コミュニケーションと飲むという行為を合成したノミュニケーションが必要だ、と言われていた時代はもう過去になり、現在そのような言葉を使うと、古い！　と言われる。

　社内の社員同士の付き合いはあったほうが良いが、最近これを嫌う会社員も多くなってきた。社内で人間関係が悪くなければそれでも良いのだが、学生時代のような「いじめ」のような事態が起きることがある。特定の人には挨拶しない、お土産も配られない、バレンタインデーのチョコレートがもらえない、お茶をいれてくれないなど、数えきれない嫌がらせがある。

　これには、管理職がよく職場を観察することが重要な防止策である。また、そのような事態が起きている原因も把握しなければならない。メディエーション（触媒）という手法などで、人間関係を改善する方法もある。

III　不調の現れ方（どんな症状が出るの）

　社員の心の不調は、表情、行動、症状のかたちで現れる。職場で気をつけることは、この3点である。

表情、表現

　暗い、固いとか顔の表情に現れる。また、挨拶しなくなる、声が小さくなるなど動作などに現れる。

問題行動

心に問題がある時は、どうしても外部に対する注意力が散漫になり、普段なら起こしそうもない事故（交通事故、業務上災害）を多発するようになる。

また、心の問題により、気が重かったり、夜眠れず、朝起きられなくなったりして、実際に体の不調などから会社に出られなくなり、その結果、欠勤、遅刻などが増える。

心の問題をなんとか解消しようとして、酒に逃げる場合がある。そして中にはアルコール依存症という病気になってしまう人もいる。この病気の前段階として、欠勤が増えることもよくある。

人間関係。同僚などとけんか、口論、などが多くなる。人間関係が悪くなったとき、気分が悪くなりイライラしがちになっていると自分を抑えることが難しくなり、このような事態が起きるようになる。これは人間関係の悪化がもたらした問題行動と言えよう。

症　状

心身症・自律神経失調症に代表される症状が出やすい。これらは、身体的には、頭痛、食欲不振・下痢などの胃腸症状、ジンマシン・円形脱毛症などの皮膚疾患、喘息・風邪などの呼吸器疾患、心理的には、不眠、うつ症状、パニック障害などである。これらの症状で、通院、休業することが増える。治療は、内科、心療内科、神経科、精神科などを受診するか、症状によっては、整形外科、耳鼻科、皮膚科などを受診する場合もある。

IV 予　　防（どうやって防げばいいの）

1次予防（発生予防）

　まず、組織を健全なものにするということ。失敗の責任を個人に押し付けないことが肝要である。

　他に、メンタルヘルスの基本には教育が必要であるということを覚えておいてほしい。そのためには、まず社員のスキルアップを行うこと。特に、中途採用者の教育プログラムに配慮が必要である。次に、社員の自己保健能力を高める教育が必要である。そのためのリラクゼーションの方法、ストレス解消法などを教育するものである。それぞれがどのような方法であるかは省くが、具体的には次のようなものがある。自律訓練法、漸進性リラクゼーション、呼吸法、運動療法（ストレス解消法）、自己主張訓練、認知行動療法などである。

2次予防（早期対処）

　管理職のメンタルヘルス教育で、管理職が部下の不調の早期発見、早期対応をできるようにする。なぜならば、精神的な病気が家庭で発見されることは少ないからである。たとえ家庭内で発見されても家族は本人がなんとか会社に通っている間は、手を出せないことが多い。なぜなら、本人が会社に出勤できているのに、会社を休ませて無理に病院に連れて行くことは、本人に不利になる恐れがあるためである。

　管理職の教育内容には次のようなものがある。カウンセリングの方法（カウンセリング・マインド）、積極的傾聴法、精神疾患についての基礎的な知識などである。また、再発防止のためにも管理職の教育は重要である。

V　現実的な解決方法

職場を変える

　職場を変えるのも有効な解決法の1つである。職場の人間関係が自分にあわない、今の仕事が自分の希望と違う、給与が不満など、自分の考え方を変えてもなかなか、解決しそうもない場合、無理にその職場に留まる必要はない。

　社内で配置転換が可能であればこれを検討する。例えば、それが可能になるための、社内募集制度、フリーエージェント制度など人事制度を整えておくことも重要である。社内に自分の希望するような職場がなければ、または、希望するような職場があっても会社の都合でそこに移れないような場合、会社を辞めることも立派な解決法である。具体的には、他社へ就職する。または学校に入りなおし、自分の能力を高めてから職場を探すといったことが挙げられる。

気晴らし

　一時的な気晴らしが有効な場合も多い。これも1つのスキルである。おしゃべり、飲酒、スポーツ、遊び、趣味（音楽、絵画、演劇、読書、旅行）などは不調になってあわてて始めようとしてもうまくいかない。元気がない時に今までしたことのないことを始めるのは難しい。日ごろからそういう生活をしていないと、うまくいかないものである。

サポーター

　自分を支えてくれる人として、家族、友人、職場の上司・同僚などがある。そういう人に話すだけで悩みが軽減することもよくある。中でも職場の上司の支えが最も影響力があるが、不運にも上司に恵まれない場合もよ

くある。
　頼りになるのは家族だが、最近の日本人は独身者が多く、また都会では1人で住んでいる人も多い。単身で暮らしている人にとって、友人が重要な相談相手になるのだが、その友人が少ないと、悩んだ時に誰にも相談できず、追い込まれるおそれがある。不調になってから友達を作るのは難しい。普段の生活で自分を支えてくれる人を持っておくことが重要である。

Ⅱ部　事例編

事例1　総合事例（JCO臨界事故）

　ここでは、現実の社会で起こった実例を取り上げて、基礎編で学んだ産業心理学の各事項を具体的に検討してみることとする。

　取り上げる事例は、誰でもが知っている原子力発電に関連した施設であるJCOでの事故例である。この事例は、社会・経済状況や行政、企業組織のあり方、さらには仕事の管理方法から作業者の知識にわたるまで、様々な要因が交絡して発生した事故である。したがって、産業心理学的な問題を考える上でも大変多くの教訓を得られるものと考え採り上げてみた。ただし、原子力というのは特殊な分野のため、状況説明に使っている用語などは普段あまり馴染みのない言葉が多い。しかし、そのような場合には、その部分は読み飛ばしても結構である。それでも全体の状況把握は十分に可能だと思われるので読み進めてほしい。なお、図1-1（事故に至った作業の流れ）を参照しながら読み進めると理解が促進されるであろう（「ウラン加工工場臨界事故調査委員会報告」より。平成11年12月24日、原子力安全委員会・

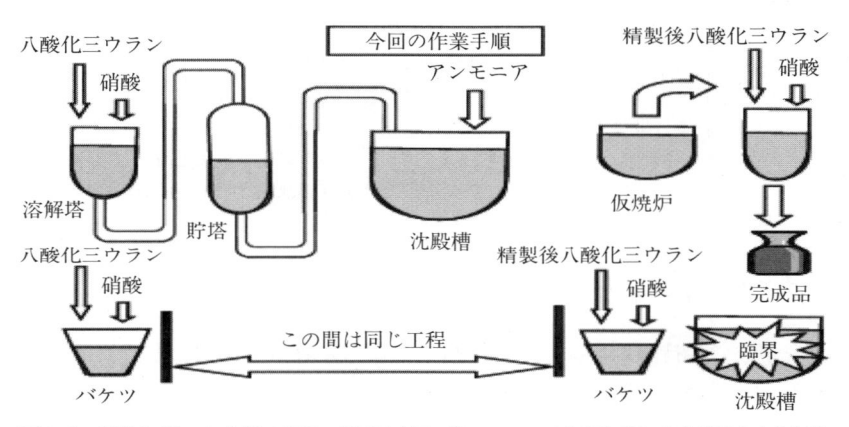

図1-1　事故に至った作業の流れ（『原子力図面集2002-2003年版』財）日本原子力文化振興財団より）

ウラン加工工場臨界事故調査委員会)。

I 事例の概要

経　　過

　1999年9月30日、茨城県那珂郡東海村にある株式会社JCO東海事業所(原子燃料加工を事業とする)において臨界事故(注参照)が発生した。事故を起こした作業は、高速実験炉「常陽」のための燃料加工であった。工程は、1作業単位分(以下、「バッチ」という)のウラン溶液(約6.5ℓ)の溶解を行い、輸送単位である6～7バッチ分の硝酸ウラニル溶液を均一化するという作業であった。事後調査によれば、作業時間短縮のため、「溶解塔」という装置でウラン粉末を溶解するべきところをステンレス製バケツで溶解し、また溶液の濃度を均一化するための装置とされていた「貯塔」も使わず、別な目的の装置であった「沈殿槽」を用いたため、この沈殿槽への2回目の注入作業時に沈殿槽内の硝酸ウラニル溶液が臨界(核分裂状態)に達したというものであった。その後、臨界事象は、状態停止の作業が功を奏するまで約20時間にわたって継続した。

> 注)　臨界：ウラン235が中性子を吸収すると核分裂を起こしていくつかの原子に変わるが、その際同時に中性子も出す。もし、この中性子がウランに当たらなければ核分裂は継続しないが、別のウラン235があれば、これに当たってウラン236に変化させ再び核分裂を起こす。つまり、ウラン235がまとまって存在すると核分裂が連続して起きることになる。これを連鎖反応と呼び、その限界の量を臨界量、その状態を臨界状態と言う。

施設とその運転に関する状況

　安全性の維持のため、作業の手続きに関する質量の制限として溶液の濃縮度に応じて1バッチ分の最高取扱量が制限されていた。また、装置に関する形状の制限として、臨界とならないために溶解容器の、直径、厚み、

容量に制限が定められていた。

なお、原子力に関連する施設や作業標準などは、事業の設立時から国の審査を受け、細部にわたって法律や省令によって規制されている。したがって、その変更や改変などの必要性が生じた場合には、全て届け出た上で許認可を受けることになっている。

直接要因

事故は、沈殿槽と呼ばれるタンクに、7バッチ以上のウラン溶液を入れたことによって起こっている。この時の溶液濃縮度は通常の核燃料（5.5％）より高い濃縮度であった。また、7バッチもの溶液を一度に扱うことは質量制限違反であった。さらに、沈殿槽の筒の直径は45センチあったがこれは形状制限を超えていた。加えて、沈殿槽の周囲に冷却水があったため（水は中性子を反射する性質がある）、タンク内で発した中性子が、水で反射し各原子に当たる確率が高くなり、臨界状態が長時間にわたって継続してしまった。

作業工程の改変

① 当初の工程

工程の目的は、粉末の八酸化三ウランを投入し、これを精製し濃縮度の高い八酸化三ウランの粉末を作ることであった。このための装置は、溶解塔、貯塔、沈殿槽の3つである。溶解塔は八酸化三ウラン粉末を硝酸に溶かすための装置で、ここで扱うウラン量は1バッチずつと決められていた。安全のため、溶解塔、貯塔の形状は、過剰なウランが投入されても臨界が起こらない設計になっていた。ただし、沈殿槽には形状制限がなかった。

② 工程変更

製品の納入先から粉末の八酸化三ウランではなく、硝酸溶液にした硝酸ウラニルを納入して欲しいという要望が出された。この要請に対してJCOは、八酸化三ウラン粉末を、溶解塔に投入して硝酸溶液に溶解する

という手順を決めた。JCOから科学技術庁（以下、科技庁と略）にこの工程手続きの追加申請があり、科技庁は溶解塔に形状制限があるので安全と判断しこれを認可した。ところが、その後、この工程では、容器の洗浄に時間と手間のかかることが判明した。そこで、JCOでは溶解塔を使わずにステンレス製のバケツを使う工程を考案した。しかし、この工程変更は役所の承認を得なければならないものであったが届出はなされなかった。

③　さらなる工程変更

バケツの使用によって溶解塔での洗浄が省略できることが経験された。そのため、この発想がさらに拡張され、八酸化三ウランの硝酸への溶解にもバケツが使用されることになった。しかし、八酸化三ウランの硝酸への溶解にバケツを使うと濃縮度の均一性が低いので危険度は高くなるものであった。さらに、手作業で撹拌する（均一化の促進）回数を減らすため八酸化三ウランを再び硝酸に溶解する工程にいったんは貯塔が使用されたが、貯塔では構造上面倒な手続きが発生したため、さらに容積の大きい沈殿槽へ溶液を投入するという事故に繋がる方法が案出されてしまった。たしかに、この方法により時間の短縮は得られた。しかし、これら一連の工程はいずれも臨界安全基準違反となるものであった。

作業者について

作業者らは、本来ならこの工程に携わることはないグループであった。しかし、大幅なリストラが行われたため（作業に関する知識が失われた）、この作業には携わったことのないグループがこの作業を担当することになった。また、事故を引き起こした作業員は、臨界を含む核物質の取り扱いについて十分な教育を受けていなかった。

事故につながった経緯

作業手順を検討する中で作業責任者は、八酸化三ウランの溶解を貯塔ではなく沈殿槽で行うほうが効率的ではないかと考えた（動機は沈殿槽のほう

が溶解速度が速く貯塔よりも時間の短縮が期待できた）。そこで、責任者は、前日、核燃料取扱主任者に沈殿槽に7バッチの溶液投入を行っても大丈夫かと尋ねた。その後、事故当日になって、この核燃料取扱主任者から内線電話で「大丈夫だろう」との返事を受けたと答えている。このような経緯を経て、八酸化三ウランの硝酸溶液を沈殿槽に投入することが実行された。

組織の対応

一連の手順の中で、理論的には初めてバケツを用いた工程ですでに臨界が起こる可能性があった。このバケツ使用という手順についてJCOは会議で正式に決定している。会議出席者の大半は、その違法性に気付いていたらしい。なぜなら、内部会議の議事録と、科技庁に提出するための2通りの議事録が作成されていた（科技庁向けの議事録からは、この工程変更の部分は削除されていた）。つまり、現場作業者の違反が、監督者へ、さらに組織的な違反へと拡大していたのである。

事故の通報連絡と対応

事故の報が科技庁に伝わったのは、発生から約44分後であった。この連絡を受け、科技庁から首相官邸へ連絡がなされた。また、原子力安全委員会への正式な報告も行われ、災害対策本部が設置されて科技庁職員が現地に派遣された。現地での当面の問題は、継続している臨界状態を止めることであった。そのためには、沈殿槽周囲の冷却水を排出しなければならず、それには中性子が飛び交うこの沈殿槽の近くに被爆を承知で近づくことが必要であった。そこで現地の対策本部は、周辺の被爆量を計算した上で、分刻みのリレーによる交代作業を指示し、冷却水の排出に成功して臨界状態は20時間後に終息した。

放射線および放射性物質による影響

臨界（核分裂）により生成したガス状物質（希ガス、ヨウ素）が環境中に

放出され、広範囲の地点において放射線量率（ガンマ線）が上昇した。また、一部の環境試料（大気塵埃、土壌、葉菜など）から、短半減期のヨウ素および希ガスの崩壊生成物、ならびに中性子により放射化された物質（Na-24 および Mn-56）が検出された。

また、本作業に携わった作業者3名のうち、直接沈殿槽に溶液投入を行った2名は被爆により死亡に至っている（2004年1月現在）。

避　　難

政府による対応と並行し東海村においては、350 m 圏内の住民避難要請、茨城県による 10 km 圏内の屋内退避勧告などが行われた。

以上が事例の概要である。

II　事例の問題点

では、以下に本事例の問題点を検討してみよう。なお、以下の記述は、分析の深化のために、筆者が推定して書き加えた部分もあることを断っておきたい。

問題点を列挙した図 1-2（問題点のフロー）を参照されたい。

問題点1として挙げたのは、作業者にとっては、今回の作業は普段行っている通常作業ではなかったという点である。通常行っている作業では、ウランの取扱い量や濃縮度の割合が臨界の危険性を持つものではなかった。したがって、工場内での作業全般に対して、作業者らが普段から「臨界の危険」という意識を希薄化させていたことは十分に考えられる。また、工場幹部もこの意識は同様であったと考えられよう。そのために、幹部も臨界条件に関する教育を放置し、また作業手順の変更を容易に認めるという行動をとっていたと思われる。その結果、作業の効率化と簡便化のために、手順変更が現場からしばしば提案されることとなっている。一般論としては、作業効率化の提案は、たしかに、どの作業所においても当然に推奨さ

問題点 1

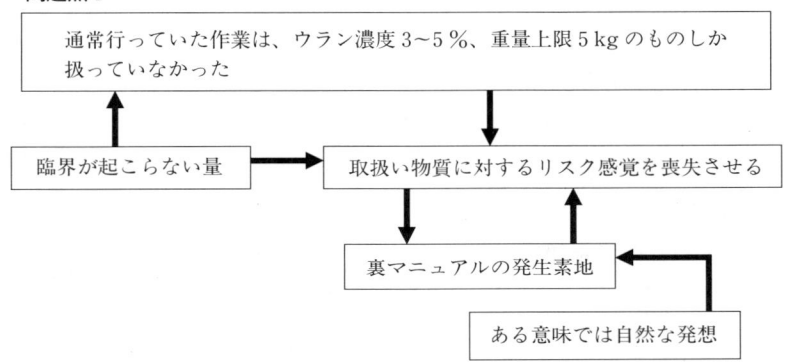

```
通常行っていた作業は、ウラン濃度3〜5％、重量上限5kgのものしか扱っていなかった
        ↑                    ↓
臨界が起こらない量  →  取扱い物質に対するリスク感覚を喪失させる
                              ↓              ↑
                        裏マニュアルの発生素地 ←
                                        ↑
                              ある意味では自然な発想
```

問題点 2

```
今回は実験炉「常陽」用の燃料を加工。濃度18.8％、16kg

燃料加工需要減 ← 需要は3年に1度ぐらいしかない
      ↑              ↑                    ↓
  CTBT条約      原発新規立地無し       不慣れな作業
      ↓                                    ↓
  コスト削減要請 → 教育の手抜き ←←←←←←←←
                        ↓
                  裏マニュアルの作成動機
```

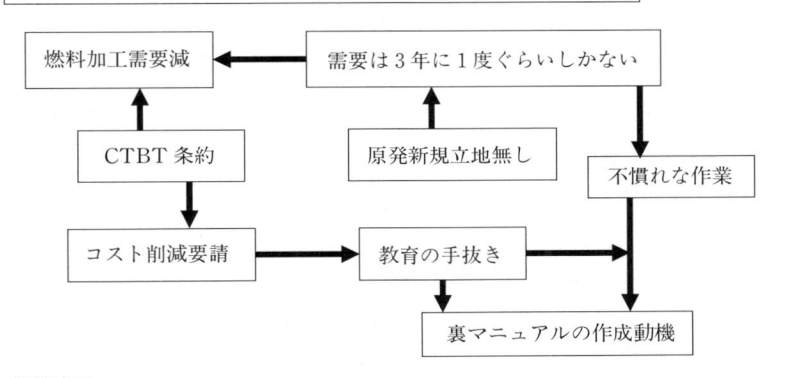

問題点 3

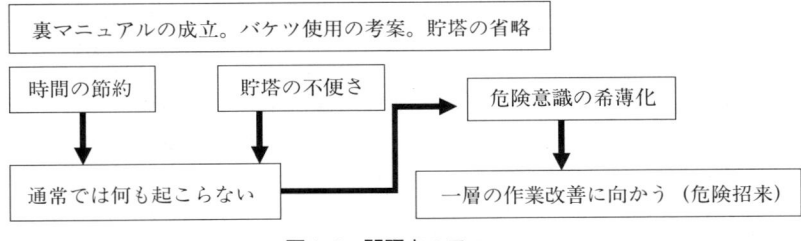

```
裏マニュアルの成立。バケツ使用の考案。貯塔の省略

時間の節約      貯塔の不便さ      危険意識の希薄化
    ↓              ↓                    ↓
通常では何も起こらない         一層の作業改善に向かう（危険招来）
```

図1-2　問題点のフロー

れる行為ではあろう。しかし、作業に潜むリスクの認知が希薄化されたままに改善提案が実行されることは危険である。多分、JCOにおいても、このような経緯によって手続きの改変が繰り返され、やがて次第に、それらが現実的には、あたかも正規の作業マニュアルであるかのように認知されてしまったに違いない。

　問題点2として挙げたのは主に経済的要因である。高速増殖炉という実験炉の燃料加工の需要は多くはない。広くは、国際的な状況もこれに影響を与えている。アメリカとロシアによる軍縮の機運は（CTBT条約の締結など）、アメリカの原子燃料加工業界に需要減をもたらした。そのため、日本への輸出攻勢が激しくなり、日本の同業界も苦しい立場に立たされることになった。このような情勢に対応するためJCOでは大幅なリストラを行っていた。そのため、今回の作業に関する経験を持った作業者も退職してしまうことになっている。したがって、作業は、不慣れな作業者が行わざるを得なくなったのである。今回の作業との関連で、新人への教育のために時間的切迫があったとも言われているが、この点などはリストラによる人員不足の様子を物語っていよう。

　問題点3は、具体的な作業にかかわるものである。需要減、時間的切迫から作業の効率化が求められていたという背景要因は見逃せない。また、通常の作業に使われる装置類を代用していたという事情もあり、今回の作業目的のためには装置にかかわる不便な手続きを経なければならなくなっていた。このような背景の下、経験不足、知識不足も加わって、貯塔による工程を省略しバケツで代用させるという危険な作業手順がまず考案される結果となった。その成功体験は、さらに効率化の発想を促進させることとなり、ついには、沈殿槽に大量のウラン溶液を投入するという事態を招いてしまっている。

　以上が問題点の概要である。

III 事例考察のための資料

　事例の概要と問題点から本事例について産業心理学の立場からは、どんな原因の規定と対策が考えられるかを考察されたい。そのために、以下の資料を提供しておく。

作業者の意識と行動

　まず、図 1-3 を参照されたい。作業者は、一連の手順変更に一抹の不安があったのであろうか、作業の前日に、社内の別系統の核燃料取扱い主任に、沈殿槽使用の是非を問い合わせている。翌日になって、核燃料取扱い主任は作業者に OK を伝えたということになっている。しかし、事後の調査では、この点について両者の言い分は異なっており、作業者は返事を受けたと言っているが、核燃料取扱い主任は記憶がないと述べている。
　今回の作業に先立って新人が採用されている。作業者らは今回の作業が通常作業とも共通する部分があるため、その一部を新人の教育にも使いたいと考え、先行する工程を早く終わらせようと急いでいたという。しかし、作業工程は遅れ気味で、製品の他部門へのサンプル検査の依頼を 2 度も遅らせざるを得なくなっていた。
　今回の作業は需要が少ないため専用の装置は設けられていない。したがって、通常の作業で用いる貯塔を使うことになったが、普段はこの工程は自動であるため手を加える必要はない。しかし、今回の作業工程では 1 度貯塔から製品を取り出すという手続きを経なければならないこととなった。この手続きは通常の作業ではあり得ないものであり、貯塔からの製品取り出し作業は面倒で時間のかかるものであった。そこで、作業者らは貯塔を経由する作業を省くためバケツによる溶解と沈殿槽による攪拌という手順変更を考え出すことになった。

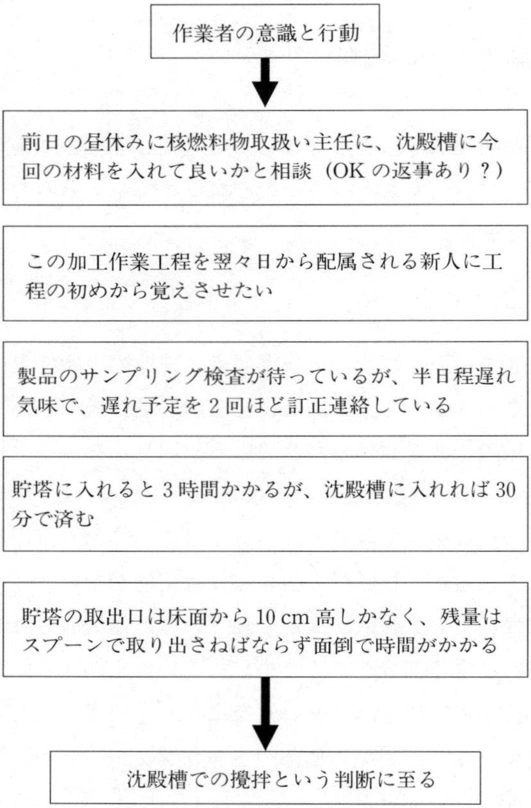

```
┌─────────────────┐
│ 作業者の意識と行動 │
└────────┬────────┘
         ▼
┌──────────────────────────────────────┐
│ 前日の昼休みに核燃料物取扱い主任に、沈 │
│ 殿槽に今回の材料を入れて良いかと相談   │
│ (OKの返事あり?)                      │
└──────────────────────────────────────┘

┌──────────────────────────────────────┐
│ この加工作業工程を翌々日から配属される │
│ 新人に工程の初めから覚えさせたい       │
└──────────────────────────────────────┘

┌──────────────────────────────────────┐
│ 製品のサンプリング検査が待っているが、 │
│ 半日程遅れ気味で、遅れ予定を2回ほど訂 │
│ 正連絡している                         │
└──────────────────────────────────────┘

┌──────────────────────────────────────┐
│ 貯塔に入れると3時間かかるが、沈殿槽に │
│ 入れれば30分で済む                     │
└──────────────────────────────────────┘

┌──────────────────────────────────────┐
│ 貯塔の取出口は床面から10 cm高しかなく、│
│ 残量はスプーンで取り出さねばならず面倒 │
│ で時間がかかる                         │
└────────────────┬─────────────────────┘
                 ▼
    ┌──────────────────────────┐
    │ 沈殿槽での攪拌という判断に至る │
    └──────────────────────────┘
```

図 1-3　作業者の意識と行動

組織にかかわる問題点

図 1-4 を参照されたい。

作業者は、臨界条件に至る溶液量を扱っているという認識を持っていなかったのであるから（そのような教育がされていない）、今回の作業も通常の作業と同様だと認識し（危険とは思わず）、各種の効率的な手順変更を考案している。

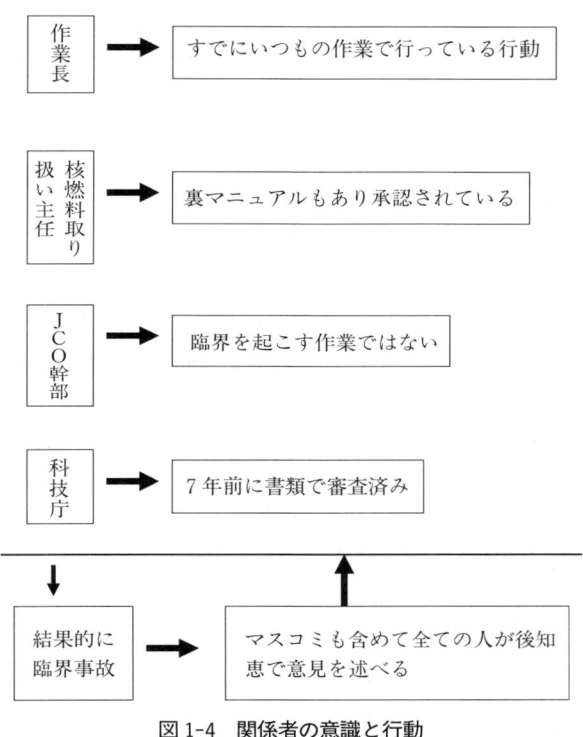

```
                    全てが突然の行動ではない

    作業長  →  すでにいつもの作業で行っている行動

    核燃料取り扱い主任  →  裏マニュアルもあり承認されている

    JCO幹部  →  臨界を起こす作業ではない

    科技庁  →  7年前に書類で審査済み
    ─────────────────────────────────
       ↓                              ↑
    結果的に      →   マスコミも含めて全ての人が後知
    臨界事故           恵で意見を述べる
```

図1-4　関係者の意識と行動

　核燃料取扱い主任は、前日の昼休みに作業責任者と構内で立ち話をしたと述べている。その際に、今回の件が話されたものと推定されるが、バケツによる溶解まではすでに社内的に裏マニュアルとして承認されているため話の内容を軽く考えていたと思われる。彼は沈殿槽を使っての規定量以上の撹拌までは想定していなかったに違いない。

　会社の幹部も同様な発想であったと思われる。沈殿槽による撹拌は想定外だったのであろう。ひょっとすると、バケツ使用という裏マニュアルの承認も記憶の彼方であった可能性もある。

事例1　総合事例

監督官庁である科技庁も、届け出された手順書以外の手続きが行われていることは想定外であったと思われる。ただし、さかのぼること7年にわたって、1度も現場査察が行われていない点は問題ではある。
　以上のような経緯を経て臨界事故は発生している。さて、本事例を概観して、どのような点を問題とすべきであろうか（社会的要因、経済要因、行政、企業、組織、管理方式、装置、工程、個人など）。分析を試みて欲しい。

　最後に、蛇足とはなるが若干の意見とコラムを付け加えておく。
　事故調査というものは、その全てが事後の資料によって行われるという制約を持っている。したがって、事例中に規則違反の個所などが明らかになると「不正が行われた」と断定し、以後の考察を深化させないという例がまま見られる。しかし、それでは「なぜ不正が行われたのか」という分析には辿り着けないことになってしまう。多くの場合、現場作業者は、「止むに止まれず」そのような不正と言われる行動に至ってしまうものである。したがって、その行動発生の根拠を明らかにしない限り、同様な事故は繰り返されることとなり、有効な再発防止策も打てないことになる。しかし、マスコミも含めて、事故後には多くの人々が後知恵で（神様のようになり）批判を展開し、事故原因よりも事故責任の追及に走ってしまう例が多い。そのため、真の事故原因がうやむやになってしまう愚が繰り返されている。安全問題に関して、今、「過去から何も学んでいないことを学んでいる」と他の分野の人々から揶揄されることのないようにありたいものである。
　もう1点、分析に際しての1つのヒントを示しておこう。
　事故の概要を見ても明らかなように、安全規制の全ては技術的発想による物理的制限（質量、形状など）に拠っている。しかし、その規則が守られるか否かは人間次第なのである。したがって、特定の環境下で（面倒な装置や手続き、不十分な管理体制など）人間がどのように発想し、どのように振舞うものかを分析することが重要となる。事故当時、原子力の安全を規制

する側にはこのような発想が欠落していたことを付け加えておきたい。

> **コラム：放射線は空には飛ばない？**
>
> アメリカのCNNと言えば、事故や事件の現地報道がすばやく、また迫真にせまる映像などで定評がある。しかし、JCO事故の場合、CNNによる現地報道は事故発生後3日間は一切行われていない。その見解によれば、臨界状態が継続している間は記者の安全を最優先にしたということである。ひるがえって、日本のマスコミはどうであっただろうか。事故当日からヘリコプターを飛ばし、まるで河川の氾濫ニュースででもあるかのように、JCOの工場などを空からテレビ放映していた。日本のマスコミは放射線は空中には飛ばないとでも理解していたのであろうか。マスコミ界の科学的知識ベースについて彼我の違いを思い知らされたことである。

参考文献

原子力安全委員会・ウラン加工工場臨界事故調査委員会「ウラン加工工場臨界事故調査委員会報告」平成11年12月24日

原子力安全委員会『原子力安全白書 平成12年度版』

(財)日本原子力文化振興財団『原子力図面集 2002-2003年版』

事例2　リーダーシップの事例

I　事例の概要

　A社は総合電器メーカーである。最近、A社のX工場においてトラブルが発生した。X工場は各種電子媒体を製造する工場であるが、トラブルが発生したのは"コンパクト・ディスク（CD）"の製造ラインである。当該ラインは完全に自動化されているため、そこにはライン監視員1名だけが配置されていた（交代勤務制を採用しており、ライン監視員は全部で4名いる）。監視員の仕事内容は、ラインに何らかの不具合が生じた場合にいったんラインを手動停止させ、その旨を管理者Fに連絡することであった。

　トラブルは、監視員Eが勤務している際に発生した。品質検査器が警報ランプと警報音を発してCDに品質上の欠陥があることを知らせていたのだが、彼は居眠りをしていたために警報にすぐに気づくことができなかった。しばらく経って、彼は鳴り続ける警報音にハッと目を覚ました。それからあわててラインを手動停止させ、管理者Fにその旨を連絡した。連絡を受けた管理者Fは関係部署に対してラインの不具合箇所を特定するよう要請した。その結果、ライン上の装置を構成する部品の一部が破損していることが判明した。この部品の破損後に生産されたCDには全て無数の傷が入っており、これにより数千枚ものCDが欠陥品となってしまった。

　管理者Fは今回のトラブル原因についての考察をすすめた。その結果、今回のトラブルには「発生要因（欠陥CDを産出させるきっかけとなった要因）」と「拡大要因（欠陥CDの産出を数千枚にまで拡大させた要因）」の2種類があるとの結論に達した。そして、発生要因は"部品の破損"であるとし、拡大要因は"監視員Eの居眠り"であるとした。

ただし、管理者Fはトラブルの発生要因である"部品の破損"にはあまり注意を向けなかった。それは次のような理由による。当該部品は材質上の問題により、年に2、3回ほどの頻度で破損するものであった。しかし、これまではいずれの場合も監視員が警報発報後すぐにラインを手動停止させており、被害は最小限に抑えられていた（欠陥CDの産出はわずかであり、会社に損失をもたらすようなレベルではなかった）。そのため管理者Fは、以前から"部品の破損"に関してはこのような対応で十分だと考えていた。さらにその背景には、「当該部品の材質上の強度を高めようとするならばコストがかかる。監視員さえしっかり仕事をしてくれれば何ら問題はない」との思いがあった。

このような思いのゆえに、管理者Fの注意は必然的にトラブルの拡大要因である"監視員Eの居眠り"に向けられた。そして、その居眠りの原因は"監視員Eの業務姿勢の低さ"にあると結論づけた。以上の考えに基づいて、その後、管理者Fは「監視員Eがトラブルを拡大させ、会社に大きな損失を与えた」との理由から彼を謹慎処分にした。

II 事例の解説

本事例を基に、ここでは管理者Fのリーダー行動に焦点を当てながら考察をすすめてみたい。今回のトラブルに際して管理者Fがとった一連の行動は、果たしてリーダーとして適切なものだったのであろうか。

リーダーの報酬行動と罰行動

従来のリーダーシップに関する諸理論では、どのようなリーダー行動が有効なのかについて少しずつ異なった主張がなされてきた。しかし、多くのリーダーシップ理論において共通して有効だと考えられているリーダー行動がある。それは、リーダーの報酬行動と罰行動である。

ある研究によれば、多くのリーダーシップ理論は「業績の高い部下に対

しては報酬（昇給、昇進、承認、賞賛など）を与え、業績の低い部下には罰（減給、降格、否認、叱責など）を与えるのが有効である」との前提に基づいて展開されているという。たしかに、学習理論の観点からしても、リーダーが部下の成果に応じて報酬行動と罰行動を使い分けることにより、その後の部下の動機づけや業績が向上するであろうことは容易に推察されるところである。

この点からすると、管理者Fは監視員Eがもたらした「負の成果（トラブルを拡大させ、会社に大きな損失を与えたこと）」に応じて罰行動（謹慎処分）を与えたわけであるから、管理者Fのリーダー行動は適切だったという人もいるだろう。しかし、本当にそうなのであろうか。

管理者Fの行動

本事例のように組織で何らかのトラブルが発生した場合、リーダーがなすべきことは、①体系的なトラブル調査を実施すること、②調査結果に基づいてトラブル原因を客観的に特定すること、③特定したトラブル原因に対して対策を講じること、の3点である。では、このような側面から管理者Fの行動を振り返ってみよう。

管理者Fは体系的なトラブル調査を実施したと言えるだろうか。答えは"NO"である。まず第1に、トラブルの発生要因（部品の破損）にかかわる調査が不十分だったと言える。たしかに、管理者Fは関係部署に対してラインの不具合箇所を特定するよう要請し、その結果として"部品の破損"が明らかにされたのは事実である。しかしながら、管理者Fは「部品の破損がなぜ起こったのか」については十分に調べようとしなかった。なぜならば、彼は"当該部品の強度はそれほど高くない"という材質上の問題点（1つの要因）をすでに知っていたし、何よりもトラブルの拡大要因（監視員Eの居眠り）のほうに注意が向いていたからである。しかし、その後の外部調査機関の調べにより、実は当該部品のメンテナンス周期にも問題があったことが判明した。当該部品は年に2、3回ほどの頻度で破

損するものであったにもかかわらず、そのメンテナンスは年1回しか実施されていなかったのである。つまり、"メンテナンス周期の不適切さ"という要因も部品の破損を生じさせた要因の1つだったと言えよう。

管理者Fはトラブルの"拡大要因"だけでなく"発生要因"のほうにも同等の注意を向けるべきであった。そうすれば、自らが指示した調査で当該問題を見いだすことができただろうし、それを受けて「メンテナンス周期を年2、3回に変更する」という対策案が思い浮かんだに違いない。

第2に、管理者Fはトラブルの拡大要因（監視員Eの居眠り）に多大な注意を向けていたにもかかわらず、それにかかわる調査もまた不十分であった。管理者Fは監視員Eから「居眠りをしていたので手動停止操作が遅れた」という事実を聞き出しただけで調査を終わらせてしまい、「なぜ監視員Eが勤務中に眠くなったのか」については全く調べようとしなかった。なぜならば、管理者Fは監視員Eの居眠りの原因が"彼の業務姿勢の低さ"にあると決めつけていたからである。しかし、その後の外部調査機関の調べにより、実は監視員Eだけでなく他の全ての監視員たちも同じように「勤務中に眠くなる、あるいは居眠りをしてしまう」という経験をしていたことが分かった。さらに、その背景には、①不具合がなければ仕事としては何もすることがないので暇である（監視業務の単調さ）、②不具合は年に数回程度しかないので、基本的にはライン設備を信頼している（不具合の少なさ→ライン設備への過剰信頼）、③監視員は8時間労働であるが、その間に休憩が1回しかないため身体的疲労が大きい（休憩回数の少なさ→身体的疲労）など諸要因間の複雑な因果関係が存在していたことが判明した。つまり、監視業務にかかわる諸種の状況要因が監視員たちの眠気を"誘発"していたわけである。人間誰しも、このような状況に置かれれば眠くなるだろう。以上をふまえるならば、もはや監視員Eの居眠りの原因を"彼の業務姿勢の低さ"に帰属することはできない。

管理者Fは"監視員Eの居眠りの原因"についても調査を行うべきであった。そうすれば、上記のようないくつかの状況要因を見いだすことが

できただろうし、監視員Eを謹慎処分にするという処置をとらずに済んだに違いない。では、この問題についてはどのような対策が有効だったのであろうか。監視員Eの居眠りを誘発した因果経路は3つあるが、それぞれの経路におけるおおもとの要因は、"監視業務の単調さ" "不具合の少なさ" "休憩回数の少なさ"の3つの状況要因である。できればこれらの要因に対策を講じたいところである。しかし、"監視業務の単調さ"と"不具合の少なさ"に対策を講じることは困難であろう。なぜならば、自動化が進んでいる以上、監視業務の単調さを改善することは難しいし、他方、不具合の少なさについては「監視員の居眠りを誘発する」という点を除けば組織にとっては望ましいことだからである。対策が可能なのは、"休憩回数の少なさ"についてであろう。休憩回数を増やして監視員の身体的疲労を低減させればよい。ただし、この対策を講じたとしても、上記2つの要因が監視員の居眠りを誘発してしまうかもしれない。これを防止するには、「警告音を大きくする（監視員が居眠りをしても飛び起きるような）」という対策が有効であろう。もっと言えば、何らかの不具合が発生した場合はラインが自動的に停止するようなシステムを導入するという対策が本質であろう（もっぱら、これにはコストがかかるけれども）。

原因帰属の歪み

　さて、以上のような議論をふまえてもまだ管理者Fのリーダー行動は適切だったと言えるであろうか。すでに「適切でなかった」と考えを改めた人もいるかもしれない。では、彼の行動のどの部分が「適切でなかった」のだろうか。この点について整理してみよう。

　管理者Fはそもそもトラブル分析の専門家ではない。したがって、「外部調査機関が挙げたようなトラブル原因を全て見いだすことができなかったことに問題があった」と言ってしまっては彼があまりにもかわいそうである。では、どこに問題があったのか。ここで注目したいのは、管理者Fが「監視員Eの居眠りの原因は"監視員Eの業務姿勢の低さ"にあると

主観的に決めつけた」という点である。実際、そのことにより体系的なトラブル調査の実施が妨げられたし、その後の対策も偏ったものになってしまった。問題はここにあろう。しかし、なぜ管理者Fはそのように決めつけてしまったのだろうか。実は、全てのリーダーがこのような問題を犯す可能性があるという。この点に関しては、以下のような研究知見が参考になる。

　自分や他者が何らかの行動を行った後の結果（成功ないしは失敗）を観察し、その結果をもたらした原因を推論することを"原因帰属"と呼ぶ。従来の研究によれば、そのような時、人は行為者の内的要因（能力、努力、姿勢など）もしくは行為者の外的要因（環境、状況、運など）のどちらかに原因を帰属することが分かっている。例えば、「自分が成功したのは能力が高かったからだろう（内的要因への帰属）」「Aさんが失敗したのは課題が難しすぎたからだろう（外的要因への帰属）」というように。ただし、人がこのような原因帰属を客観的に行うことは大変難しいという。それは、原因帰属の過程で一定の歪みが生じやすいためである。この歪みを"帰属バイアス"という。

　表2-1から理解されるように、人は"自分"が成功した時には内的要因、失敗した時には外的要因に対して原因を帰属させやすい。逆に、"他者"が成功した時には外的要因、失敗した時には内的要因に対して原因を帰属させやすいことが知られている。人は意識せずとも、原因帰属の過程においてこのような帰属バイアスの影響を受けているのである。これは、リーダーとて例外ではない。本事例における管理者Fにもこのような帰属バイアスの影響があったと考えられる。監視員Eが勤務中に居眠りをした

表2-1　原因帰属の過程における帰属バイアス

行為者	自分		他者	
行為の結果	成功	失敗	成功	失敗
原因が帰属されやすい要因	内的要因 (能力,努力,姿勢など)	外的要因 (環境,状況,運など)	外的要因 (環境,状況,運など)	内的要因 (能力,努力,姿勢など)

ことは、管理者Fから見れば"他者の失敗"である。そのため管理者Fは帰属バイアスの影響を受けて、"監視員Eの業務姿勢の低さ（内的要因）"にその原因を帰属したと考えられる。

　リーダーの振舞いは、所属部署や組織に対して多大な影響を及ぼす。そのため、リーダーはこのような帰属バイアスの怖さを十分に知っておかねばならない。部下が失敗した時には、意識的にでも外的要因（環境や状況など）に注意を向けるようにしたほうが良いだろう。さもないと、帰属バイアスの影響を受けて意思決定や行動を誤ることになる。

　最後になるが、冒頭で述べたようにリーダーの罰行動は部下が負の成果をもたらした場合に有効である。ただし、それは負の成果が部下の内的要因によってもたらされた場合に限定される。もし、それが本事例のように外的要因によって誘発されたものであるならば、リーダーの罰行動は逆にマイナスの効果（部下の動機づけや業績を低下させる効果）を生じさせてしまうことに留意したい。

事例3　採用・教育の事例

採用直結型インターンシップ

　ある電機メーカーでは、春休みに3年生の学生を対象にインターンシップを行っている。この会社でのインターンシップも、学生の希望する職場で社員と一緒に働き企業の現場の仕事を実体験してもらおうというものであるが、この間、学生の働きぶりを受け入れた部署ごとに学生を評価してランクづけを行っている。ここでインターンシップを経験した学生が入社希望を出した場合、ランクが高ければ無条件に採用、中程度のランクであっても一般応募者に課される採用試験のプロセスの一部を省略して最終段階まで一気に進むことが許される。ペーパーテスト、適性検査、面接といった様々な手続きを経て人物を評価するよりも実際に職場で働かせてみてその働きぶりを見れば一目瞭然にその学生の特性・能力を把握できる。こういった採用直結型のインターンシップを導入する会社が増加していく傾向が見られる。

現場体験型入社試験

　白蟻駆除の中堅会社が営業社員の離職率の高さに困り果てていた。白蟻駆除という業務の性質上、営業社員であっても見積り金額を算出するために顧客宅で床下にもぐり込むといった、いわゆる3K（きつい・汚い・危険）の作業をする必要がどうしても出てくる。営業社員だと思って入ったのに仕事がきついと言って辞めてしまうのである。
　そこで入社試験の際に、応募者に営業社員と一緒に1日顧客廻りをしてもらうことにした。その結果、応募者の半数以上がその時点でいなくなってしまったが、残った応募者の中から採用した社員の離職率はきわめて低くなったという。仕事のきつい面も含めて内容を十分に理解した上で入社

した新入社員は、少々のことでは音をあげたりはしない。

　仕事の良い面だけをPRして多くの応募者を集め採用しても1人前になる前に辞められては元も子もない。仕事の良い面も悪い面も両方さらけ出してそれでも入社したいという少数の意欲のある応募者の中から選んだほうが良いという事例である。

OJT の罠

　過日、コンビニで「1000円<u>から</u>お預かりします。」とか、外食チェーンで「ご注文は……でよろしかったでしょうか。」といった奇妙な日本語が蔓延しているという話題がマスコミで取り上げられた。

　コンビニや外食チェーンといったサービス産業は、アルバイト、パート社員を戦力化することによって人件費コストを抑え、業績を伸ばしてきた業界である。そのアルバイト、パート社員の戦力化のために徹底したマニュアル化を図り、誰でも短期間のOJTで即座に1人前に働くことができるように新人教育をシステム化している。

　しかしながら最近、マニュアル通りの言葉遣いはあまりにも機械的で無機質すぎるという反省から、ある程度アルバイト、パート社員の裁量にまかせ臨機応変に顧客に対応することを求めるようになってきた。

　こういったサービス業では、1人ないし数人の正社員が多数のアルバイト、パート社員を使うというケースが多い。正社員は様々な業務をこなさねばならないため新人教育までは手が廻らず、新人の指導は先輩のアルバイトが行うというケースがほとんどである。アルバイト社員の入れ替わりが激しい場合は、教える側も十分にマニュアルを理解していない（あるいは読んでいない）といったケースも生じてくる。こうした状況でOJTを行うと伝言ゲームのようにマニュアルからの逸脱が進んでいってしまうということが起こる。

　裁量は、あくまでマニュアルを理解しそれを基本にしたものとなるように正社員が常時チェックしていかないと、どこかのアルバイトが発した奇

妙な日本語が日本全国を席巻することになってしまう。

壮大なる無駄に終わったMBA研修

　バブル全盛の頃、日本の大手企業は、優秀な社員を選抜して米国のビジネススクールに留学させMBA（Master of Business Administration；ビジネス修士号）を修得させた。帰国後彼らは、派遣元の企業でどのような活躍をしているのであろうか。

　今、彼らのほとんど全てが派遣元の企業を退社してしまっている。当時の日本企業は、まだ年功序列制度の全盛期であった。したがってMBAをとって帰国した彼らに与えられた地位、仕事は出発前と全く変わらなかったのである。せっかく取得したMBAは宝の持ち腐れになったわけである。米国で、若い人でも実力さえあればどんどん高いポスト、高度な仕事が与えられる職場を見てきた彼らは、日本の企業の中での処遇に満足できず数年を待たずして退社してしまったのである。彼らの多くは、彼らの実力を正当に評価してくれる外資系の企業に転職しMBA取得者にふさわしい仕事とポストを得ていった。1人当たり数百万の経費が全て無駄になるだけでなく、競争相手を利する結果になってしまったのである。

　有能な人材の能力・やる気を活かせなかった日本の企業は、バブル崩壊と共に深刻な業績不振に陥り、今、大慌てで能力主義・成果主義に組織を変革しようとしている。

　長期的な展望、実際の仕事との関連、研修後の処遇をどうするかといった計画性を欠いた教育訓練は社員のやる気を損なうだけでなく、社員に企業を見限らせる結果を招くという実例である。

役職の公募制

　ある中堅企業で全ての役職を公募制としている例がある。ポストに空きが出たら、社内に公募してそれに立候補した社員の中から選考して決めるのである。年齢・性別を問わず社員でありさえすれば誰でも立候補できる

というものである。ただし、立候補の時点で宣言した目標を1年間で達成できなかった場合は、もとのポストに降格となる。選考過程は全てオープンにして社員の誰もがその選考過程を知ることができる。失敗したら降格になるが、再挑戦は何回でも認められる。自分の人事を他人に決められるのでなく、自分の地位は自分で勝ち取るという能力主義に徹した非常にシンプルなシステムである。このシステムを取り入れてから社員のモチベーションが高まり企業業績も上昇しているという。

　ここまで極端ではないが、人事異動に逆指名制を取り入れている企業がある。社員が行きたい部署を逆指名し、先方の管理職の了解が得られれば異動が成立するというものである。このシステムを取り入れることによって、社員にやりたい仕事を選択する権利を与え、そのモチベーションを高める効果を期待している。同時に、このシステムでは、社員が現在所属している部署の管理職は、この間一切口出しはできないため、自分の所掌する部署の管理が悪ければ部下がどんどん他へ流出していく事態になる。結果として管理職の管理能力を高める効果も期待できるという。

経営幹部候補生の早期発掘・教育

　日本企業の役員の平均年齢は60歳を大きく超えている。一方、欧米の企業では40歳代の社長はごく普通の存在である。年功序列の階段を1段ずつ昇り定年間近になってやっと重役まで登りつめるわけであるから当然その年齢は、若くても50歳代になってしまう。これには役員の仕事にふさわしい人材を役員として登用するだけではなく、長年働いてきたことに対する功労賞として役員のポストを与えるといった側面もあり役員会が肥大化する原因にもなってきた。

　企業トップに必要とされる決断力は、30歳代後半から40歳代に最大になるといわれ、環境の変化の激しい、トップが厳しい決断を迫られる場面が多い環境では経営陣の若返りが必要だと言われている。

　そういった若い経営トップを育てようという試みが日本の企業でも始ま

っている。20歳代後半から30歳代の社員の中から優秀な業務成績をあげかつ経営者として必要な適性を持つ社員を早期に選抜し、経営者として必要な能力をつけるための研修を行うというものである。同時に、成績が良ければ年齢に関係なく社内の重要なポストを順次経験させ実践的に能力を磨かせると共にその業務成績を評価していくという。選抜メンバーは、常に見直しが行われ業務成績によっては候補者からはずし新たな候補者を選抜して加えるという形で候補者のモチベーションを高め、若いうちから経営トップとして必要な能力を磨かせ30歳代、40歳代に経営層を若返らそうとしている。10年後の日本企業では、果たして30歳代40歳代の経営者が活躍しているであろうか。

事例4　企業における消費者心理の実際：自動車産業の場合

4章で解説した消費者心理が、企業において、実際にどのように活用されているかを見てみよう。企業における消費者心理の貢献は、市場調査を通じての貢献と、消費者の行動特性に関する知見を通じての貢献とに分類される。以下、それぞれの貢献の実際を、自動車業界を事例に紹介する。

I　自動車業界における調査の実際

自動車業界で実施されている市場調査は、内容的には他の消費財製造業種と大きく異なることはない。ただ自動車の場合、新しい商品の開発には最低でも数十億円の先行投資が必要であるため、失敗を避けるという目的から、市場調査の密度（調査規模、頻度など）は、他の業界を大きく上まわっている。また自動車業界に固有の調査として、商品開発の節目節目で行われる「商品受容性確認のための調査（クリニック）」がある。これも、大量生産に着手する前に開発途上の製品に十分な商品力があるかを確認することで、少しでもリスクを小さくすることを意図したものである。

詳細は各企業によって異なるが、自動車業界で実施されている市場調査とその利用のされ方は、おおむね以下の通りである。

定期定量調査

①商品満足度調査

自社ならびに他社から発売された商品を購入し、実際に利用している人々を対象に、購入したクルマを実際に使用した上での満足度の測定を目的とした調査。デザイン、走行性能、燃費など、様々な属性における満足度および重視度の測定が中心であるが、同時に、購入のきっかけ、商品選択理由など、顧客の購入意思決定過程に関する情報収集もあわせて測定さ

れることが多い。

　ここで得られたデータを集計すれば、自社、他社商品の強み・弱みを把握することが可能であり、商品の改良、販売マニュアルの作成など、様々な用途に利用されている。

②イメージ調査

　イメージ調査には、企業全体のイメージを測定するものと、個々の商品ブランドのイメージを測定するものとがある。「ベンツ＝高級」「ボルボ＝安全」「トヨタ＝環境対応」といった企業のブランドイメージを対象としたのが前者であり、「スカイライン＝スポーティ」「セルシオ＝静か」というように個々の商品ブランドのイメージを対象としたものが後者である。従来のイメージ調査は、広告宣伝をはじめとする企業活動の成果をモニターする程度の軽い位置づけにある場合が少なくなかったが、近年、マーケティング活動を「ブランド」という観点から統合的にコントロールすることが重視されるようになってきたことを受け、その比重は急速に高まりつつある。

③価値観調査

　自動車という商品の開発に要する期間は、近年どんどん短縮されているとはいえ、最短でも2年、通常は4年という時間が必要である。市場に出現した新しいニーズに対し、他社に先駆けて対応していくためには、ニーズが顕在化する前に、その予兆をキャッチすることが求められる。

　価値観調査とは、消費者の生活の実態やその背後に潜む様々な考え方（価値観）の変化の測定を目的に、同一の質問紙を用いて継続的に実施されている調査である。わずかな時系列変化も正確に把握する必要があるため、調査規模が大きい（最低でも3000サンプル）のが特徴で、調査会社などの運営する共同調査のデータを購入するという形式が一般的である。

個別商品（商品領域）のために必要に応じて実施される調査

①ニーズ発見のためのインタビュー調査

　4章でも述べたように、近年重視されるようになってきたのが、このニーズ発見のためのインタビュー調査である。具体的な調査手法については、各企業が様々に工夫をこらしており、実際に消費者の家庭に出向いて、どんな住まいでどのような生活をしているのかまでを調べたりすることもある。ここで得られた定性的情報に基づいてアイデアを模索し、前述の定期定量調査データを用いてその妥当性を確認しつつ、新しい商品のアイデアをまとめあげていくのが、今日の商品企画の進め方である。

②ビジネスチャンス確認のための定量調査

　商品企画部門でまとめられた商品企画案は、企業活動の常として、トップの承認を得てはじめて、次のステップに進むことになる。特に自動車産業の場合、前述の通りリスク管理が厳しく、承認を得るためには、その商品案に十分な成算があることを証明することが求められる。

　まだ形になってもいない商品が採算に見合う数以上売れることを直接的に証明することは事実上困難であり、通常は、「今回ターゲットとしたニーズを持つ人々が市場内にどの程度存在し、その中で何パーセントくらいの人が当該商品を購入してくれるはずであるから、販売台数はこれこれの数字となる」といった形で、間接的かつ確率的な証明が行われる。ここで必要な様々な数字は、通常は定期定量調査データから算出されるが、全く新しいタイプの商品の企画などにおいては、あらたに定量調査を実施することも少なくない。

③商品受容性確認のための調査（クリニック）

　新しい商品の妥当性確認という作業は、コンセプト段階だけではなく、商品を具体的に作り込んでいく過程でも実施される。粘土に塗装したモックアップと呼ばれる実物大模型や、大量生産に着手する直前では、実際に走行可能な試作車を提示し、「欲しいと思うか」「どこが気に入って、どこ

が不満か」といった消費者自身の評価を測定し、商品の妥当性を確認すると共に、さらなる改良のためのフィードバック情報を入手する。

クリニック調査には、妥当性検討のための定量的データの入手と、フィードバックのための定性的コメントの入手という、相反する要求が同居しているため、実際の調査運営は簡単ではない。さらに当該商品と競合車の実物ないしは実物大模型を実際に並べて展示する会場の確保、秘匿の管理などもあり、各企業共様々な工夫を行っている。

II 自動車購買行動に関する知見と活用事例

4章において消費者の購買行動を解説した際、購買意思決定過程や、意思決定方略は、商品によって、また個人によって多様であることを指摘した。ここでは、それらについて自動車購買行動に関する知見のいくつかと、その活用事例を紹介する。

欲求認識にかかわる事例

自動車メーカーにとっては、自社のクルマを購入してもらうことも重要であるが、それ以前に人々にクルマを買い換えようという気になってもらわなければ、話が始まらない。実際、近年は、いったん新車を購入すると長く乗り続ける人が増え、新車販売台数が伸び悩むという問題が発生している。これはなぜであろうか。

購入意向の発生は、「望ましい状態」と「現在の状態」のズレの認識が、ある閾値を越えた時に発生することはすでにも述べた。自動車業界において「望ましい状態」を高めるための方策として代表的なのが「モデルチェンジ」を含む新型車の投入と、様々な広告活動である。またテレビドラマや映画への自動車の貸与も、消費者の心の中の「望ましい状態」をレベルアップする有力な方策の1つである。一方、「現在の状態」のレベルが下がることで購入意向が発生することもある。本文でも述べた、車検（最低

でも10万円程度の費用がかかる）がそうであるし、時間の経過と共に発生する性能劣化や故障の増加、さらには事故なども、「現在の状態」を引き下げる働きをする。

　では、現在はどのような状況なのであろうか。1つは自動車という商品が成熟してしまい、「望ましい状態」を飛躍的に高めるほどの魅力を演出することが難しくなっていることが挙げられる。以前は高級車のシンボルであったエアコンやパワーステアリングは、今や軽自動車にも標準装備されている。性能についても、最近のカローラやサニーのエンジン出力は、一昔前のスポーツカーと同等レベルにある。つまり少々のことでは「望ましい状態」のレベルを上げることが困難となってきたわけである。もう1つの理由は、商品の信頼性が高まってきたことである。従来のクルマは5～6年も乗り続けていると、性能が低下したり故障が起きやすくなったりしたものである。ところが最近のクルマは、10年くらい経過してもびくともしないだけの品質を持っている。したがって「現在の状態」の低下も、従来ほどには期待できなくなったのである。

　しかし、企業としてはこのような状態を座して見ているわけにはいかない。各メーカーとも様々な提案を盛り込んだ新商品を投入したり、下取り車の走行距離に準じた金額をキャッシュバックするキャンペーンを実施しているメーカーもあるが、その効果の程は不明である。もっとも燃料電池車や自動運転といった画期的な新技術が「より望ましい状態」と見なされれば、需要が再喚起される可能性は高い。

意思決定方略にかかわる事例

　自動車購入における消費者の意思決定方略として、これまでフィッシュバインモデル（本文p.74参照）に近い形が想定されることが多かった。ところが実態はどうもそう単純ではなく、購買行動の前期と後期とで、意思決定方略が異なっていると考えることが一般的となりつつある。前期では、連結型や逐次削除型（本文p.75参照）などの簡略な方略によって選択肢が

絞り込まれ、最後まで残ったいくつかの候補車について、はじめて詳細な外的情報探索が行われ、フィッシュバイン型の評価が行われるという考え方である。

　最近の自動車メーカー各社が、国内外の有名デザイナーを招聘したり、TV-CMにおいて企業イメージの演出に力を入れたりしているのは、このような考え方への移行と無関係ではない。つまり前期の簡略な意思決定方略では、消費者は外観デザインや企業・商品イメージといった重要でかつ情報入手の容易な属性が重要な役割を果たす傾向にある。この段階で選択肢から落とされてしまっては、他の属性でどんなに優れていても選択される可能性がなくなる。そこで各メーカーとも、これらの属性に、特に力を入れ始めたというわけである。

情報探索にかかわる事例

　自動車購入過程での消費者の情報探索に関する知見は、店舗計画にも影響を与えている。多くの自動車の販売店には、直近に発売されたクルマが展示されている。消費者の購買行動が十分に理解されていなかった頃は、これら展示車の中には、外側はピカピカに磨いてあっても、シートにはビニールがかかったまま、室内やトランクにはパンフレットなどが乱雑に放置されたままといったものも少なくなかった。クルマの外観デザインは、たしかに消費者にとって非常に重要な属性である。しかし外観デザインは、わざわざ販売店に行かなくても写真や街中を走っている当該モデルを見ることで、十分に情報を得ることができる。実際に調査を行ってみると、消費者が販売店に足を運ぶのは、カタログなどでは分からない、室内の雰囲気やイスの座り心地、トランクの大きさを、実際に自分自身で確認するためである。したがって販売店の展示車は、外観もさることながら、室内こそきちんと手入れされていることが重要なのだということが分かってきた。

　最近訪れたあるディーラーでは、エンジンをかけずとも電動シートの調節や、オーディオ、ナビ・システムのデモなどができるように展示車に外

から電源を取り込む工夫をしていた。残念ながら購入には至らなかったが、一消費者として、好印象が残った。

事例5　組織事故の事例（チャレンジャー号爆発事故）

　アメリカのスペースシャトルであるチャレンジャー号の宇宙飛行の目的は、NASA（アメリカ航空宇宙局）の通信衛星と、ハレー彗星を観測するためのスパルタン衛星を宇宙に運ぶことであった。また、スペースシャトル計画で初めて民間人である女性教師のマコーリフさんが搭乗することも話題となっていた。彼女が宇宙から全米の子供たちに向かって「宇宙授業」を行う予定が立てられていた。NASA縮小論が唱えられる中で久々に全米の注目を浴びる起死回生の計画でもあった。

　1986年1月28日午前11時38分、マコーリフさんの知人や多くの学童が見守る中、シャトルはケネディ宇宙センターから打ち上げられた。しかし、チャレンジャー号は、打ち上げ73秒後に爆発して大破、乗員7人全員が死亡する事故となった。

事故の経緯

　チャレンジャー号は、当初、85年7月に打ち上げられる予定だったが、搭載物の準備の関係で延期となり、いったんは1月22日を打ち上げ日と決定した。しかし、天候などの影響で28日に再延期された。当時、フロリダは異常な寒波に襲われており、発射台や機体表面が氷で覆われ、発射時に氷の破片が機体と衝突して傷つけることが心配された。このため、機体の点検や打ち上げの是非の検討に時間を要し、結局、予定より2時間遅れた11時38分にロケットは点火された。

　このとき、NASAの管制センターは異常を感知していなかったが、映像記録には、打ち上げ直後から様々なトラブルが発生していたことが示されている。

　ロケット点火後0.7～3.4秒に、早くも右側固体ブースタ（打ち上げ時の推力を受け持つ燃料ロケット）の継ぎ目付近から黒煙が発生している。この煙

図 5-1 チャレンジャー号爆発の瞬間

は12秒後に消失したものの、この段階で、高温の燃焼ガスがブースタの隙間に漏れ出していたことがうかがわれた。
　さらに、58.8秒後に右側固体ブースタと燃料タンクの接合部から煙が噴出し、59.2秒後には煙が出た場所から炎が発生した。この燃焼ガスの漏れによって、いくつかの異常が同時に進行する。もともと噴射口から外部に噴き出すはずの燃焼ガスが脇に漏れたため、右側ブースタ燃焼室の圧力が下がり2つのロケットの推力のバランスが崩れ、機体全体が予定のコースをはずれ始めた。さらに、推力のアンバランスと横方向へのガスの噴射のため、右側ブースタを捻るような作用が生じ、燃料タンクとの接合部に無理な力が働いて、各部の破損を引き起こすこととなった。また、高温の炎にさらされる液体タンクの損傷も進んでしまった。こうした異常事態に、管制センターの職員は全く気づいていないが、シャトルの搭乗員は、いつもより振動が激しいと感じていたことを示す記録が、ボイスレコーダーに残されている。
　打ち上げから65秒後に、高温の燃焼ガスの噴射にさらされていた液体水素タンクが破損し燃料漏れが始まる。66.2秒後には、ねじ切る力に耐えかねた右側固体ブースタ上部と燃料タンクの接合部分が破損して炎が発生、72秒後に固体ブースタと燃料タンク間の結合が完全にはずれて機体が激しく振動し始める。そして、打ち上げ73.2秒後、ついに固体ブースタが燃料タンク前部の液体酸素タンクと衝突、液体酸素と液体水素が反応して大爆発を起こしてしまった。燃料タンクは瞬間的に破壊され、乗員7人が乗り込んでいたオービタ（宇宙船本体）も大破した。頑丈に作られていたブースタはなおも飛行を続け、市街地に落下することが懸念されたが、管制センターからの遠隔操作で自爆させた。オービタには緊急事態に備えた脱出装置はなかったが、たとえ装備されていたとしてもこの状況では役に立たなかったと推測される。

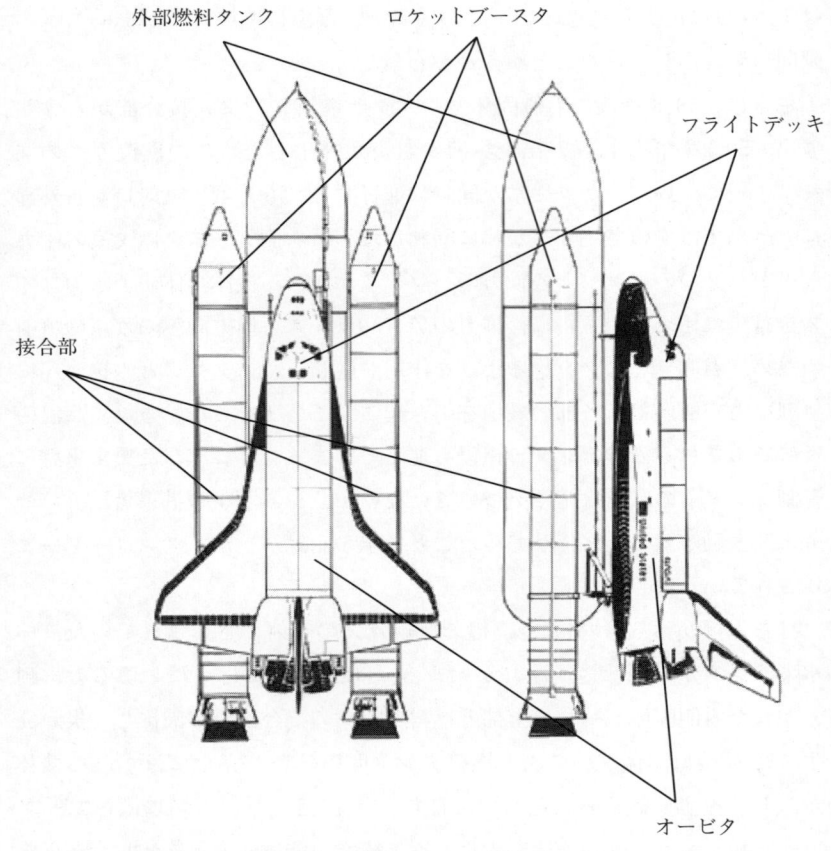

図 5-2　スペースシャトル

事故の影響

　この事故により、ハッブル望遠鏡の打ち上げや日本人宇宙飛行士の搭乗の時期が数年間先延ばしされた他、ハレー彗星の探査が見送られるなど、NASAの宇宙開発計画は大きく狂うことになった。また、代替機建造などの直接費だけで30億ドルを超す費用が余分にかかることにもなった。

　また、深刻と考えられているのが、精神的な悪影響である。目の前でア

メリカの誇りであるシャトルが爆発してしまったため、アメリカ人のショックはことさら大きかったと推測される。心理学者の中には、この体験が多くの子供にトラウマとして残ると警告する者もいる。

　そして、チャレンジャー号の事故は、技術に対する過信を厳しく戒める結果ともなった。

事故調査

　事故後、ロジャース元国務長官を委員長とする事故調査委員会が設置され、徹底的な原因解明がなされた。1986年6月6日に提出された報告書によると、事故の直接の原因は、右側固体ロケットブースタ継ぎ目部分から高温の燃焼ガスが漏れ出したためであるとされている。

　固体ブースタは4つのパーツから構成されているが、巨大な質量を有し、打ち上げ時に複雑な応力や急激な温度変化が生じる機体では、パーツ間の継ぎ目部分が歪んで隙間が生じることが予想されていた。このため、合成ゴム製のOリング（一周11.6m、断面の直径6mm）を挿入し、多少がたついてもゴムの弾性によって常に隙間を塞ぐような工夫がなされていた。ところが、合成ゴムは低温では固くなって弾性を失い、隙間を埋めることができなくなるという欠点がある。通常の気温ではさしたる支障はないが、チャレンジャー号打ち上げ当日のように寒波が襲来すると、発射台に置かれた機体は気化熱を奪われて温度が急激に低下してしまう。チャレンジャー号の場合、継ぎ目部分の温度は－0.6℃に達していた。この結果、Oリングは完全に弾力性がなくなり継ぎ目部分の隙間を塞ぐことができず、燃焼ガス漏れを許してしまったのである。

　これだけならば、単なる技術的な欠陥による事故として片づけられることかもしれない。問題なのは、こうした欠陥が技術者によって前もって指摘されていながら、打ち上げが強行されたという事実である。

　固体ブースタを設計・製造したのは、NASAによる入札の際に最も安い価格を付けたモートン・サイオコール社である（技術的な観点からはもっ

と優れた設計案を提出したメーカーもあったというが、予算削減に苦しんでいたNASAとすれば、どうしても安価な機体を採用せざるを得なかった)。チャレンジャー号打ち上げ前日、NASAはサイオコール社に打ち上げの当否について（かなり形式的な）打診を行っている。

これに対して、サイオコール社の技術者は、Oリングが低温で脆化する危険性があることを指摘し、寒波が去って気温が上昇するまで打ち上げを延期するように主張した。なぜならば、それまでの実績では、継ぎ目の温度が11℃での打ち上げに成功した例はあるものの、今回は、それよりもかなり低くなることが予想されたからである。

しかし、初の民間人搭乗で久々に全米の注目が集まっているシャトルであり、また、すでに2回にわたって発射を延期しているNASAとしては、この提案に簡単に応じるわけにはいかず、あえて再考を要求した（ただし、この要求を行ったのは、打ち上げにゴーサインを出す権限を持ったNASAの最高幹部ではなく、中間管理職クラスであった）。

サイオコール社内部では技術者と経営者の間で激しい議論が闘わされたというが、同社の経営者は技術責任者に向かって「技術者の帽子を脱いで経営者の帽子をかぶりたまえ」と言ったという。そして最終的には「経営上の判断」によって打ち上げに同意する旨を伝えることになった。

この事故の公式調査（スペースシャトル チャレンジャー事故大統領委員会報告書）によると次の重要な点が指摘されている。

①Oリングの故障はその前に何度か発生し、このことはNASAも、サイオコール社も知っていた。
②しかし、それらの場合には災害に至らなかったため、「Oリングは亀裂しやすく、特に寒い日はそうなる」との技術者の警告は避けられた。
③そして、Oリングの故障は「経験の範囲内」として処理され省みられることはなかった。

最終的にこの報告書は、事故の原因は、組織内外のコミュニケーション過程および主に中間管理者層レベルでの意思決定過程における欠陥である

と結論づけている。

ヴォーガンの指摘

　ヴォーガン（Vaughan, 1996）は、この大統領諮問委員会報告の結論は、打ち上げチームのスタッフが「なぜ打ち上げを認めたのか」を説明しておらず、多くのキーポイントを欠いていると指摘している。そして、ヴォーガンは、チャレンジャー事故について、事故が発生した社会的状況から事態を再構成し解釈を加えた。

　ヴォーガンによると、NASAの特徴として、①スペースシャトルとその計画は、安全の余地を組み込むことのできないものであり、②設計に余裕を持たせ何度もテストするというエンジニアの慎重な方針はしばしば無視され、③高度なパフォーマンスを示すことが求められる宇宙工学の最先端であった、と述べている。

　さらに、構造的な欠陥として、①技術者たちは、絶えず不完全な知識の状況下での決定が要求され、②発展し続ける「手に余る」技術に対処しなければならなかったことを挙げている。続けてこれが、NASAのいつもの当たり前の状況であり、このような状況では、受容できるリスクレベルの設計の限界がどこにあるということを、前もって完全に手続き化することが不可能であった。その結果、Oリングの故障がその代表として現れてしまったと彼女は主張している。

　また、ヴォーガンは、NASAには、たしかに安全への配慮を強調するように計画されたルールが存在したことは認めた。しかし、その一方で、NASAには安全性をすり抜ける巧みなシステムが根深く存在したことを見いだした。NASAの安全システムとは以下である。

　①問題発生との警告が認知される。
　②遂行基準・安全基準からはずれる事象は、安全を脅かす重大なサインとして取り扱われる。
　③事象に対する実証的調査が行われ、リスクが評価される。

④「協議後」、基準からはずれた事象が「標準化され」、その結果、改訂版の作業基準としてパラメータが設定される。

⑤その危険は新たな基準に従い「受容可能」と判断される。

このように NASA には、確かに安全への配慮を強調するように計画されたルールが存在した。しかし、それと同時に、必要な時には「違反」を許す標準的手続きも存在したのである。つまり、NASA では何が受容不能で何が受容可能なリスクと判断するかは、物理的特性や技術的課題ではなく社会的交渉の問題となってしまっていた。この社会的交渉は、技術者同士、技術者と管理者、管理者同士、さらには NASA と委託業者の組織間で日常的に行われ、「この程度は受容できるリスク」として安全基準が形成されていったのである。この社会的交渉の過程は長期わたって繰り返され強化されていったに違いない。これが、ヴォーガンの言う「日常化された逸脱（normalized deviance）」である。

そして、最終的に、ヴォーガンは、この組織に所属した誰もがこの違反を許す道筋にきちんと従ったためにこの事故が起こったと結論づけたのである。

 注）ここで用いた図は、「スペースシャトル チャレンジャー事故大統領委員会報告書（Washington D. C.: Government Printing Office, 1986)」から再録し、一部改変したものである。

参考文献

Vaughan, D. 1996. *The Challenger Launch Decision: Risky Technology, Culture, and Deviance at NASA, Chicago*: The University of Chicago Press.

事例6　職場不適応の事例

中途採用者（通年採用者）の事例

　Aさん30歳は、大学を卒業して小規模の商社に就職し、営業職として働いていた。もっと大きい会社で、ゆくゆくは海外でも活躍したいと思い、大企業の営業職募集に応募して入社した。ところが、入社して簡単なオリエンテーションが終わるとすぐに、職場に配置され、年下の先輩の下で働くようになった。この会社で扱う商品の知識も乏しいまま、お客の対応に追われていた。先輩も忙しく、ていねいにAさんに指導できず、また年上の後輩にどう指導して良いかも分からなかった。Aさんも年下の先輩に質問を何度もするのに気が引けて、数ヶ月経過しても、なかなか仕事が分からず、自信をなくしていた。そのころに、お客との対応でミスをしてしまい、お客に迷惑をかけ、すっかり自信をなくして、上司（課長）に辞表を出した。

　上司は、驚いて、事情を聞き、とりあえず健康管理室にAさんを連れていき、保健師の健康相談を受けさせた。その後、医師に診てもらい、軽度のうつ病だと診断され、服薬治療をしながら、職場でも仕事のやり方を工夫して、だんだんと仕事に慣れていくようにして、危機をのりきった。

　中途採用者は、経験が浅くても、年齢をみて、経験者だと誤解されて、実力以上に期待されてしまうことがある。そのように期待されることは、ある意味で嬉しくもあり、その期待に応えようとして、頑張って、期待に応えられないと落ち込む、これは最近よくあるケースである。

昇進して不調になった事例

　Bさん40歳は、大学卒の設計技術者で課長に昇進した。責任感が強く、また技術的にも優れていて、課長昇進は周りからも当然のこととして受け

止められていた。課長になって残業も増え、会議でも積極的に発言していた。ところが、だんだんと元気がなくなり3ヶ月後に上司（部長）に、「課長としてやっていく自信がありません」「会社を辞めさせてください」と言い、部長は心配して、別室でBさんの話を聞いた。

　Bさんは、課長になってから、今までよりも多くなった部下の管理（マネージメント）をするようになった。設計技術者としての仕事がその分減ったわけではなく今まで通りの量をこなしていた。そこで1人の部下が家庭の事情で退職した。他の部署から、その補充に1人をもらったが、来たばかりではあまり戦力にならず、その仕事が遅れるようになってきた。部下もみんな忙しそうで彼らに仕事を割り振ることができず、B課長が1人で穴埋めをしていたが、思うように進まず、焦り、悩むようになって、最近では夜もよく眠れなくなってしまった。だんだんと食欲もなくなってしまった。妻も心配して、お医者さんにかかりなさい、というが、この忙しい時に休むわけにはいかないので、頑張って会社に来ていたが、もう限界です、と言う。

　部長はBさんが「うつ病」にかかっているのではないかと心配し、一緒に心のクリニックに行こう、とB課長を連れていった。そこでは、部長の予想通り「うつ病」の始まりだと診断され、2ヶ月の休養と服薬治療をすすめられた。その後復職して、それ以降は、今まで以上に部長との連絡を密にして、仕事の割り振りなどの指導を受けながら、課長職として仕事をこなしている。

　これが、典型的な「昇進うつ病」である。このケースのように、上司が密接に指導することを怠るのが原因の1つである場合がよくある。

配置転換

　Cさん43歳は技術職の課長であった。会社の方針で、営業職に配置転換になった。ずっと技術畑を歩いてきたCさんは営業に移るよう言われてかなり悩んだ。先輩で同じく技術畑から営業畑に移った人に相談した。

彼が言うには、初めはみんな苦労するが、慣れると大丈夫だよ、もともと技術職として課長をちゃんとやっていたのだから。それに技術職であることが商品知識の面からも有利な点でもある。Cさんは、そうかもしれないと思い、配置転換を受け入れて移った。そこでは、当り前のことだが、部下はみんな営業職の人で、中には「なぜ何も知らない技術者が管理職になるのだ」という不満を持つ部下もいたようである。これは、部下としては当然抱く感情である。部下も上司であるC課長に営業の仕事に関してていねいには教えず、C課長は時間が経ってもなかなか仕事の様子が分からない。部下と一緒に客先に出向くが、もともと人付き合いが得意でもなく、酒を飲むのも好きではなく、ぎこちない状態が続いていた。C課長は辞表をカバンに入れて持ち歩くようになっていた。Cさん自身も困っていたが、部下もそういう上司と一緒に仕事をするのを不満に思うようになり、部下からもCさんからも苦情・相談を受けた部長は、Cさんを、別の部署に移すことにした。今度は営業の後方支援的な仕事で大きなプレッシャーがかかることは少なく、元気を取り戻している。

　これもよくあるケースである。営業マンにとって、技術屋の課長が上司になるというだけでも、屈辱的である。そういう難しい人事異動をしたのだ、という自覚を上層部が持たねばならない。そして、課長をサポートしてやると良かったのだが。

仕事が思うように進まない場合

　Dさん25歳男性は、ソフトウェア技術者。大学は、数学科を卒業して、コンピュータ関係の会社に入社した。希望通りのソフトウェアを作る仕事に就けた。しかし、会社では大きなソフトは自分ひとりで作るのではなく、多くの人が分担して作る。全員の作業が完了しないと、そのソフトウェアは完成しない。そしてあるソフトウェアを作っていた時、Dさんの分担しているところが遅れ始めた。納期が迫ってきても全然進まない。そして、ある日から突然会社に来なくなった。寮住まいなので、上司が寮を訪ねた

が、Dさんは不在であった。何日も連絡がないままであったが、Dさんがある銀行のATMで定期的にお金を引き落としていることが分かり、それを手がかりに、本人を探し出すことができた。心の病気にかかっている様子ではなかったが、会社の健康管理室で保健師に話を聞いてもらい、仕事で行き詰まっていることが分かった。その後数週間、自宅に帰り休養をとって復職した。

以前、「ソフト技術者の遁走」と呼ばれていたケースである。周りの人からは、本人の仕事の進み具合が分からない。本人は困っているが、周りも忙しそうで自分のことなど相談できない、と思い込んでいる。また、本人はプライドもあり、また性格も人に頼るのが嫌いなタイプで、問題を抱え込んでつぶれてしまうのである。

仕事の量が多過ぎる

E君22歳、事務職。高校卒業して入社以来、事務職として、リーダーの下で、指示された仕事を行っていた。社内の事情で、そのリーダーが配置転換になり、リーダーの仕事が全部E君に回ってきた。リーダーから説明を受けて、仕事を引き継いだが、説明を受けた時は、なんとかやれると思ったが、実際にやってみると、とても難しくて、よく理解できないまま仕事をしていた。課長に相談したが、「簡単だよ、すぐに慣れるよ」と言うだけであった。しかしやらねばならない仕事がこなせずどんどんたまり始めた。残業、休日出勤しても全然はかどらない。他の部署からの問い合わせにも十分に答えられず、おどおどするようになった。自信をなくし、毎朝会社に行くのが辛くなってきた。ある朝、下痢がひどくて会社を休んだ。その後、下痢が治っても会社に行く気力がなくなり、家族に連れられて、メンタルクリニックを受診した。そこで、心身症と診断され、1ヶ月の休養を取るようすすめられた。

仕事がよく分かっている課長やリーダーにとっては簡単に思えるような仕事でも、E君にとっては難しかったのである。残業が多くなったら、危

険信号だと思うべきである。

単に労働時間が長い、という場合

　30歳男子、大学卒。大学の工学部で学び、技術者として入社した。配属された部署は新規に事業を立ち上げて成功している活気のある職場であった。しかし、配属初日から残業があり、その状態がずっと続いていた。休日にも出勤して仕事をこなしていた。業界の中でも新しい仕事でやりがいがあり、仕事そのものは楽しかった。残業の後、上司や同僚と飲んで帰ることも多かった。それで淋しさはそう感じなかった。数年後のお盆休みに久しぶりに、郷里に帰った。高校の同級生たちと酒を飲んで話した。同級生たちはほとんど皆、結婚して家族を養っている。もう3人も子供を持っている人もいる。それに引き比べて、自分の生活はいったい何だ、と思うと憂うつになってきた。そんな気持ちを持ったまま会社に戻ってまた忙しく働いていた。ある夜、友人と飲んで帰る途中で転んで、左手を骨折してしまった。手は治療してすぐに治ったが、この骨折事故からは会社を休みがちになってしまった。

　仕事は希望の職種に就けたが、残業続きで、私生活に潤いがなくなっていた。何のためにこんなに忙しく働いているのか分からなくなってしまったのである。

希望した職種と違う職種に配置された

　F君22歳。大学は文科系を卒業したが、自分ではソフトウェアを希望して入社した。しかし、入社後に配属された職場は営業であり、すぐにF君は約束が違うので職場をかわりたい、と人事部門に訴えたが受け入れてもらえなかった。悩み続け、他社に勤めている大学の先輩に相談したら、「私のところに来い」と言われ、すぐに退職してその先輩の会社に入社した。

　これは実際的な解決法の1つである。いやな職種に我慢することもない。

パワーハラスメント

　H課長、40歳、事務職。気の合った上司の部長が転勤でいなくなり、新しい部長がくることになった。しかし、その新しい部長は、厳しい人だと評判の部長で、赴任してくる前、課長は不安であった。実際に部長が赴任してきて職場で部下を叱るのを目の当たりにし、不安が的中したことを知った。仕事の遅れた1人の部下を机の前に立たせて、1時間以上も叱る。またその関係者も呼びつけて、並ばせて叱る。新しい部長になって1ヶ月後、1人の部下が風邪を引いて、3週間休んだ。そのせいもあって、仕事が遅れがちになった。部長はその遅れの責任を追及するため、H課長を呼びつけて大声で、職場内に響き渡るように叱る。他の部員はビクビクしながら聞いている。その後、また他の部下が休みはじめ、それに続いて数人の部下が休み始めた。なんとかその遅れを取り戻そうと、課長は自らを励ましながら出社していたが、ある朝、体がだるくて、食欲もなく、どうしても体が動かず会社を休んだ。部長に「休む」と連絡をして休んだが、出社したらまた怒られそうな気がして憂うつだった。翌日も同じ状態で休み1週間続けて休み、妻の勧めで、メンタルクリニックを受診した。「自律神経失調症」という診断で1ヶ月間の自宅療養となった。体調が良くなり、復職となったが、H課長は、配置転換を申し出た。

　これは、最近職場でよく見られるケースである。このような厳しい人を部長にした人事部門の責任でもあるのだが、こういう部長は往々にして真面目に仕事をするタイプなので、上司には良い評価を受けることが多い。しかし、このような被害者が多く出るようになったら、すぐに対処しなければ、職場が崩壊していく。厳しい部長1人の責任ではなく、組織全体の責任として対処しなければならない。

索　引

ア　行

IT（Information Technology）	18
飽戸弘	76
アダムス（Adams, J.S.）	35
アフォーダンス（Affordance）	86
NASA（アメリカ航空宇宙局）	161
アルダーファ（Alderfer, C.P.）	32-33
アンケート調査	78
安西祐一郎	92
安全アプローチ	93
安全・安心	6
安全文化（Safety Culture）	10, 94, 100
ERG 理論	33
威光価格	80
意思決定方略	71, 73, 157
いじめ	117
1次予防	119
因果関係	104
インタビュー調査	78, 155
インターフェイス	6
インターンシップ制度	52
ウィナー（Winer, B.J.）	39
ウィルパート（Wilpert, B.）	103
ウェンガー（Wenger, E.）	92
ヴォーガン（Vaughan, D.）	167
ウォンツ→潜在ニーズ	
ウラ（Ura, M.）	41
英国健康安全局	102
衛生要因	33
SL 理論	42
（E→P）期待	36
M 行動	40
エンゲル（Engel, J.F.）	69
────・ブラックウェル・ミニアード（EBM）モデル	69

カ　行

応用心理学	i
OJT	55
Off JT	56
オミッションエラー	98
外国人労働者	21
解釈的インタビュー	78
改善提案	132
階層別研修	54
会話の原理	88
カウンセラー	8, 16
カウンセリング	9, 17-18
価格戦略	67, 79
価値観調査	154
過程理論	32, 35
狩野広之	92
過労死	7
過労自殺	111
関係欲求	33
慣習価格	80
感情依拠型	75
緩衝要因	107, 109
官能検査	79
帰還	30
企業戦士	21
企業不祥事	10
帰属バイアス	144
期待理論	36
技能	91
────伝承	20
気晴らし	120
ギブソン（Gibson, J.J.）	87
教育訓練計画	57
強調化	89
協働	25

175

──システム	26	辞書編纂型	75
クリニック調査	156	システム化	19
グループ面接法	52	システム性災害	20
グローバル化	21-22	実践の文化	92
原因帰属	143-144	実体的報酬	31
貢献	29	質問紙調査	78
──意欲	28-29	社会的インタラクション	92
交通安全問題	12	社会的交渉	168
行動療法	13	社内募集	113
行動論的アプローチ	38-39	終身雇用	62
購買	69,71	自由面接法	51
──後代案評価	69,72	受容できるリスク	168
──前代案評価	69,71	状況論的アプローチ	39-41
国際原子力機関（IAEA）	100	仕様決定	79
個人差	76	昇進	169
個人要因	107-108	消費	69,72
コミッションエラー	98	──者心理	66
コミュニケーション	28-29	情報探索	69,71,158
──エラー	88	職業ストレス	6,9,11,
──回路	90	職種	173

サ 行

		職能別研修	54
		職務拡大	34
採用	48	職務充実	34
──計画	48	職務設計	34
──選考	50	処分	69,72
作業マニュアル	132	人事考課	58
サテライトオフィス	19	深層防護	95
サポーター	120	心理的報酬	31
産業革命	4	スイスチーズモデル	95
産業組織	27	スガヌマ（Suganuma, T.）	41
産業の空洞化	21	ストグディル（Stogdill, R.M.）	39
3 K 職場	107	ストレス反応	107-109
JCO での事故例	125	成果主義	114
JCO 臨界事故	97,102	成功体験	132
事故調査	136	性差別	116
仕事外の要因	107-108	生存欲求	33
仕事志向行動	39	成長欲求	33
仕事の量	172	正統的周辺参加	92
市場細分化	76	製品開発	77

製品戦略	66		遁走	172
セクシャルハラスメント	116			
世代間ギャップ	23		**ナ 行**	
潜在ニーズ	77		内容理論	32
潜在リスク	97		2次予防	119
相関関係	104		ニーズ把握	77
組織活動	30		日常化された逸脱（normalized deviance）	168
組織構造	29		年功序列	62
組織事故	94		——型	114
組織充足性	28, 31		能力主義	114
組織成果	30		ノーマン（Norman, D.A.）	88
組織戦略	29			
組織目的	28-29		**ハ 行**	
組織有効性	28			
組織要因	94		配置転換	170
組織理念	29		ハインリッヒ（Heinrich, H.W.）	99
			——の法則	99
タ 行			ハウス（House, R.J.）	41
			芳賀繁	86
対応づけ	88		ハーシー（Hersey, P.）	41-42
体制的側面	105		端数価格	79
タイムスタディ	16		ハーズバーグ（Herzberg, F.）	33
多属性意思決定	71		バーチャルリアリティ	ii
多属性態度モデル	74, 81		罰行動	140
多目標意思決定	71		バーナード（Barnard, C.I.）	28
チェルノブイリ原発事故	95, 97, 100		バーベラス（Bavelas, A.）	90
逐次削除型	75, 157		ハルピン（Halpin, A.W.）	39
チャレンジャー号爆発事故	97, 161		パワーハラスメント	115, 174
中途採用者	169		販売促進戦略	67, 80
通年採用者	169		PM理論	40
適性検査	50		$(P \rightarrow O_i)$ 期待	36
テクノストレス	19		P行動	40
デービッド, A. アーカー	81		ヒヤリハット事象	99
伝達システム	29		ヒューマンエラー	86
伝達内容	30		ヒューマンファクターズ	10, 85
店舗環境計画	82		評価グリッド法	78
ドアインザフェース技法	81		標準面接法	51
同化	89		不安全行動	99
動機づけ要因	33		不安全状態	99
特性論的アプローチ	38-39			

フィッシュバイン（Fishbein, M.）	74
──モデル	74, 157
フィードバック	87
フィードラー（Fiedler, F.E.）	41
フットインザドア技法	81
ブラックボックス化	20, 86
ブランチャード（Blanchard, K.H.）	41-42
ブランド（brand）	81
──イメージ	82, 154
フリーエージェント	113
ブルーム（Vroom, V.H.）	35
ブレーク（Blake, R.R.）	39
分業システム	29
分配	30
分離型	75
平均化	89
ベットマン（Bettman, J.）	75
報酬行動	140
募集	49

マ 行

マクレランド（McCelland, D.C.）	32
マーケット・セグメンテーション	76
マーケティング	66
──・ミックス	67
──4P	66
マズロー（Maslow, A.H.）	32
マッカーシー（McCarthy, E.J.）	66
マニュアル人間	91
マーレー（Murray, H.A.）	32
マンヒムセルフ（Manhimself）	91
マン・マシンインタフェース	86
マン・マンインタフェース	88
三隅二不二	40
ムートン（Mouton, J.S.）	39
メタ認知技能	92
面接	16, 51
目標管理	7
──制度	60
モチベーション	32
森本三男	28

ヤ 行

誘意性	36
ユビキタス社会	19
欲求	32
──認識	69, 156

ラ 行

利潤	65
リスクの認知	132
リストラ	7, 128, 132
リーズン（Reason, J.）	95
リーダー	38
──シップ	30, 38
リービット（Leavit, H.J.）	90
流通戦略	67, 82
臨界事故	125
臨床心理士	8, 16
レイブ（Lave, J.）	92
連結型	75, 157
労働	3
──時間	173
ロゼッタストーン	22
ロック（Locke, E.A.）	35
ローラー（Lawler, E.E.）	35-36

ワ 行

ワークシェアリング	20

編著者略歴

井上枝一郎（いのうえ・しいちろう）

現　　職	関東学院大学人間環境学部教授、㈶労働科学研究所　研究主幹
学・職歴	1970 年　慶應義塾大学大学院博士課程（心理学専攻）を経て、㈶労働科学研究所に入所
	1990 年　㈶労働科学研究所心理学研究室〃長を経て、関東学院大学文学部教授
	2001 年　関東学院大学人間環境学部教授
兼 任 歴	武蔵工業大学、学習院大学、横浜国立大学、慶應義塾大学各非常勤講師
	内閣府「原子力安全委員会」専門分科会委員
	原子力安全・保安院「安全文化の在り方検討会」委員
	厚生労働省「労働安全衛生検討会」委員
	国土交通省「運転員の資質向上検討委員会」委員長
著書など	『OA 職場に強くなる本』（共著）中央経済社
	『事故予防の行動科学』（共著）福村書店
	『産業心理・臨床』（共著）星和書店
	『情報化時代の心理学』（共著）八千代出版
	『生活問題の社会学』（共著）学文社
	『サイコロジー』（編著）労研出版
	『心理学の理解』（編著）労研出版
	『事例で学ぶヒューマンエラー』（共著）麗澤大学出版会

心理学と産業社会とのかかわり

2004 年 4 月 23 日第 1 版 1 刷発行
2013 年 4 月 12 日第 1 版 3 刷発行

編著者──井 上 枝 一 郎
発行者──大 野 俊 郎
印刷所──壮 光 舎 印 刷
製本所──グリーン製本
発行所──八千代出版株式会社

〒101-0061　東京都千代田区三崎町 2-2-13
TEL　03-3262-0420
FAX　03-3237-0723
振替　00190-4-168060

＊定価はカバーに表示してあります。
＊落丁・乱丁本はお取替えいたします。

ISBN978-4-8429-1324-7　　　© 2004　Printed in Japan